ソーシャルワークを学ぶ人のための相談援助実習

- 監修 日本福祉大学社会福祉実習教育研究センター
- 編集 浅原千里・江原隆宜・小松尾京子・杉本浩章・高梨未紀・明星智美

中央法規

刊行にあたって

　この本を読み始めようとしているあなたにとって，今このときは，これからソーシャルワーカーになるために，「実習」という扉を開けようとしている瞬間である。

　未知の「実習」に対して，いろいろな不安や戸惑いもあるだろう。実習先では何をするのだろう，実習先の担当者はどんな人だろう，施設の利用者の方とコミュニケーションがとれるだろうか，などなど心配は尽きない。でも，実習前に，不安はあって当然である。

　同時に，さまざまな期待や希望もあるかもしれない。現場のことを知りたい，素敵なワーカーに出会いたい，利用者の方といろいろな話をしてみたい。現場でしか体験することができない貴重な出会いやドラマが，たくさんあるのも実習である。

　そうした今のあなた自身の気持ちを忘れないように記録しておいてほしい。それが将来，あなた自身がソーシャルワーカーとしての自分をふりかえるときの原点になるからである。

　これから皆さんが，一歩一歩経験を重ねて，ソーシャルワーカーになっていくためには，道しるべが必要である。実習では，自分が理想とするようなソーシャルワーカーに出会えるかもしれない。あるいは，この仕事を一生続けていくきっかけになるようなクライエントの方との出会いがあるかもしれない。ソーシャルワークの醍醐味，奥深さ，やりがい。あわせて実践のつらさやしんどさ。現場の課題や社会の問題など，あら

ゆることにアンテナを張って，どん欲に学んできてほしい。

　ただし，実習の期間は限られているし，自分勝手な解釈だけでは深まっていかない。そのために実習教育にかかわる教員や実習先の指導者の力をうまく活用することも，実習生としては大切な視点である。実習のなかで，スーパービジョンの機会を有効に使ってほしい。それ以外にも，たくさんの教育ツール（教材）が開発されてきた。それらを効率的に活用していくことで，実習の効果を高めることができる。

　この本は，そうしたソーシャルワーカーになっていくために必要な実習教育の過程を，一つひとつ確認していくことができるように編纂されている。授業を通して，あるいは自分で読みながら，実習教育のステップが進められることを意図して執筆されている。

　実はこの本は，ソーシャルワーカーとしての現場経験をもち，実習教育にかかわっている先生方によって執筆されている。ソーシャルワーカーとしての想いと教員としてのメッセージが込められている。もちろん第一には読者である学生たちに向けて執筆しているが，本書を通して，大学でどういった実習教育をしているかを実習指導者の皆様にも知っていただければ幸甚である。本書について忌憚のないご意見をお寄せいただき，よりよい実習教育を多くの皆様たちと協働して創り上げていきたいと考えている。

　　　　　　　　　　監修：日本福祉大学社会福祉実習教育研究センター
　　　　　　　　　　　　　　センター長　　原田正樹

Contents

● 刊行にあたって

序章　ソーシャルワーカーをめざすために …… 1

第1節　テキストの三つの特徴 …… 2
1. 特徴1：ソーシャルワークを学ぶ人のための実習テキスト …… 2
2. 特徴2：実習・実習指導の段階ごとの目標設定 …… 3
3. 特徴3：ソーシャルワークの基礎的な七つの力の向上 …… 4

第2節　ソーシャルワークの理解 …… 6
1. ソーシャルワークの目的・対象 …… 6
2. ソーシャルワークの枠組み・視点 …… 9
3. ソーシャルワークの専門性 …… 15

第3節　ソーシャルワークを学ぶ実習のねらい …… 19
1. 実習のねらいとソーシャルワークの基礎的な七つの力 …… 19
2. ソーシャルワークの基礎的な七つの力 …… 21

第1章　実習を始めるにあたって …… 27

第1節　実習教育のしくみ …… 28
1. 実習教育の全体像 …… 28
2. 「わかる」から「できる」へ …… 30

第2節　ソーシャルワーカーをめざす動機を説明できる …… 32
1. ソーシャルワーカーをめざす動機を明確にする理由 …… 32
2. ソーシャルワーカーをめざす動機の整理と確認 …… 34
第2節のチェックポイント …… 39

第3節 配属実習の目標としくみを理解し，実習動機を説明できる …… 40
　　❶ 配属実習の目標 …… 40
　　❷ 配属実習のしくみの理解 …… 41
　　第3節のチェックポイント …… 49

第2章　事前学習 …………………………………………………… 51

第1節　事前学習の目標と学び方 …… 52

第2節　地域社会や実習施設に関する調べ学習の成果を実習指導者へ説明できる … 54
　　❶ 地域社会の理解 …… 54
　　❷ 実習施設の理解 …… 58
　　第2節のチェックポイント …… 63

第3節　実習計画を実習指導者へ説明できる（事前訪問段階）…… 64
　　❶ 実習プログラムの理解 …… 64
　　❷ 実習計画書の作成 …… 72
　　❸ 事前訪問 …… 76
　　第3節のチェックポイント …… 80

第3章　事中学習 …………………………………………………… 81

本章の節立てと構成 …… 82

第1節　実習開始前に確認すること …… 83
　　❶ 事中学習の進め方 …… 83
　　❷ 実習中の健康管理と社会人としての行動 …… 89

第 2 節　利用者の生活を支援する実習施設の役割・機能を説明できる
　　　　（職場実習）…… 97
　　　　❶ 実習目標 …… 97
　　　　❷ 実習プログラム …… 98
　　　　❸ 実習内容とワークシートの活用方法 …… 100
　　　　❹ ふりかえりの方法とポイント …… 104
　　　　第 2 節のチェックポイント …… 108

第 3 節　利用者の生活を支援する相談員の役割を説明できる
　　　　（職種実習）…… 110
　　　　❶ 実習目標 …… 110
　　　　❷ 実習プログラム …… 110
　　　　❸ 実習内容とワークシートの活用方法 …… 111
　　　　❹ ふりかえりの方法とポイント …… 117
　　　　第 3 節のチェックポイント …… 119

第 4 節　利用者と環境との関係性を実習指導者等へ説明できる
　　　　（ソーシャルワーク実習前半：アセスメント）…… 122
　　　　❶ 実習目標 …… 122
　　　　❷ 実習プログラム …… 123
　　　　❸ 実習内容とワークシートの活用方法 …… 126
　　　　❹ ふりかえりの方法とポイント …… 135
　　　　第 4 節のチェックポイント …… 137

第5節　利用者と環境との関係性を実習指導者等へ説明できる
（ソーシャルワーク実習後半：支援計画）……141
1. 実習目標……141
2. 実習プログラム……142
3. 実習内容とワークシートの活用方法……143
4. ふりかえりの方法とポイント……153

第5節のチェックポイント……156

第4章　事後学習 …… 159

第1節　事後学習の意義・目標と学び方……160
1. 事後学習の意義……160
2. 事後学習の目標と学び方……161

第2節　実習をふりかえりソーシャルワーカーとしての学びを説明できる……163
1. 配属実習のふりかえり……163
2. 実習および講義科目・演習科目のふりかえり……167
3. ソーシャルワーカーとなりゆく私の今後の課題……178

第2節のチェックポイント……181

第3節　利用者を支援するため実習の学びが活用できる……182
1. 実習体験にみるソーシャルワーカーのキャリア……182
2. 専門職の学び方……183
3. ソーシャルワーカーへの成長……184

第3節のチェックポイント……187

第4節　実習教育を経た自己の成長をイメージすることができる …… 188
　■ 実習プログラム例①──地域福祉型実習 …… 189
　■ 実習プログラム例②──高齢者ケアの複合施設 …… 194
　■ 実習プログラム例③──多機能型就労支援施設 …… 199

資　料 …… 205

1　相談援助実習ガイドライン …… 206
2　相談援助実習指導ガイドライン …… 208
3　ソーシャルワーカーの倫理綱領 …… 210

参考文献 …… 214
索　引 …… 215

序章

ソーシャルワーカーを めざすために

第1節　テキストの三つの特徴

第2節　ソーシャルワークの理解

第3節　ソーシャルワークを学ぶ実習のねらい

第1節 テキストの三つの特徴

特徴1：ソーシャルワークを学ぶ人のための実習テキスト

　このテキストは，ソーシャルワークを学ぶ人のための実習テキストである。はじめに，本書で述べる「ソーシャルワークを学ぶ人のための実習」（以下，ソーシャルワークの実習）と社会福祉士養成としての「相談援助実習」の関係を整理しておきたい。ここでいう「ソーシャルワークの実習」及び「相談援助実習」は，実習指導を含んだ概念である。

　図1で示したように，「ソーシャルワークの実習」は，「相談援助実習」をミニマムとしたソーシャルワーカー養成のための実習である。このように設定するのは，「ソーシャルワークの実習」と「相談援助実習」には違いがあると考えるからである。

　社会福祉士は，生活問題の解決・緩和にかかわる相談援助を業務として法に規定される国家資格である。相談援助実習は，この社会福祉士の業務を前提とした実習である。一方で，ソーシャルワーカーは，相談援助業務はもちろん，その生活問題が発生する背景としての社会変革を働きかける専門職である。このことは，ソーシャルワークのグローバル定義において一層重視されてきたことである。この視点を含んでいるのが「ソーシャルワークの実習」である。

社会福祉士
→科目「相談援助の基盤と専門職」の学習内容

ソーシャルワークのグローバル定義
→序章第2節①参照

図1 「ソーシャルワークの実習」と「相談援助実習」の関係

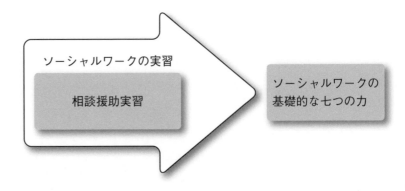

人々に生じている個別の生活問題を解決・緩和していくことは，社会的に重要な課題である。だが，その生活問題はなぜ生じているのか，その根本を人々とともに探り，誰もが安心して暮らせる地域社会を構築していく働きかけを行うことが，ソーシャルワークのもう一つの重要な課題だと考えるのである。

　しかし，多くの相談援助実習は，厚生労働省のシラバスや社会福祉士養成校協会（以下，社養協）が作成した「相談援助実習・実習指導ガイドライン」（以下，ガイドライン）の実習教育の枠組みに沿った相談援助実習・実習指導として展開されている。それをソーシャルワーカー養成のための基礎となる相談援助実習・実習指導と位置づけつつも，社会変革への働きかけができる力を高めることを目標にしたのが「ソーシャルワークの実習」である。

　具体的には，序章にてソーシャルワークとそれを学ぶ実習のねらいを確認し，第1章ではソーシャルワークを学ぶ動機を確認し，ソーシャルワーカーをめざす者として配属実習にいかなる姿勢で臨めばよいかを説明している。第2章と第3章は，ソーシャルワークの基礎的な七つの力の習得をめざして，事前学習と配属実習にいかに取り組めばよいかを説明している。第4章は事前学習と配属実習をふりかえり，ソーシャルワークを学びつづけることについて述べている。

配属実習
→第1章第3節参照

ソーシャルワークの基礎的な七つの力
→序章第3節参照

配属実習
実習施設で行う実習のことである。「ソーシャルワークの実習」を構成する実習，実習指導のうちの実習を意味している。

特徴2：実習・実習指導の段階ごとの目標設定

　「ソーシャルワークの実習」がめざすのは「ソーシャルワークの基礎的な七つの力」を高めることである。その七つの力を高めるためには，実習・実習指導の各段階でどのような目標を達成する必要があるのかをこのテキストでは段階ごとに設定している（表1）。

　このテキストの「章」は実習段階を示し，基本的に「節」はその段階ごとに達成すべき目標を示している。また，「節」の内容は目標達成に必要な学習内容，方法を示している。さらに，「節」の最後には，その目標がどの程度達成できたのかを確認する「チェックポイント」を準備している。

表1　各段階の達成目標

章 段階	「節」 段階ごとの目標
序章	・ソーシャルワークの理解 ・ソーシャルワークを学ぶ実習のねらい
第1章 実習入門段階	・ソーシャルワーカーをめざす動機を説明できる ⇩ ・配属実習の目標としくみを理解し，実習動機を説明できる
第2章 事前学習段階	・地域社会や実習施設に関する調べ学習の成果を実習指導者へ説明できる ⇩ ・実習計画を実習指導者へ説明できる
第3章 事中学習段階	職場実習 ・利用者の生活を支援する実習施設の役割・機能を説明できる ⇩ 職種実習 ・利用者の生活を支援する相談員の役割を説明できる ⇩ ソーシャルワーク実習 ・利用者と環境との関係性を実習指導者等へ説明できる（アセスメント） ⇩ ・利用者と環境との関係性を実習指導者等へ説明できる（支援計画）
第4章 事後学習段階	・実習をふりかえりソーシャルワーカーとしての学びを説明できる ⇩ ・利用者を支援するため実習の学びが活用できる ⇩ ・実習教育を経た自己の成長をイメージすることができる

3　特徴3：ソーシャルワークの基礎的な七つの力の向上

「ソーシャルワークの実習」は，ソーシャルワークの基礎的な七つの力を高めることを目的とする実習である。各実習・実習指導段階の目標は，その実習教育の目標を表している。しかし，その実習教育の過程を通して習得してほしいのは，自らの専門性に

実習教育
→第1章第1節 参照

気づき，それを自分で高めることができる「自らの実践をふりかえる力」である。事前学習から実習，事後学習などを通して人々とのかかわりや課題の達成度合いをふりかえり，自らの価値と態度・知識・技術に気づく力である。

実習生の能力や専門性は，自分の生きてきた環境のなかで培われた社会的能力を基盤としているということに気づくことも必要である。「自らの実践をふりかえる力」なくして人々とともに地域社会の変革を進めていくソーシャルワーカーになることはできないであろう。

そのために，このテキストでは，実習生自身が気づくための問いかけを取り入れている。段階ごとの目標達成度を自ら確認するチェックポイントを示しているので活用してほしい。

このテキストでの用語の使い方を確認しておく。本章第2節で扱うソーシャルワークのグローバル定義では，ソーシャルワークの対象者を「人々」と表現している。本来ならば，このテキストにおいても「人々」という表現で統一したいところであるが，ソーシャルワーク全般を説明するところでは「人々」と表現し，個別支援を実践する場では「クライエント」または「利用者」と表現することとする。また，ソーシャルワークを行う専門職を，「社会福祉士」ではなく「ソーシャルワーカー」と表現することにしたい。

第2節 ソーシャルワークの理解

あなたは、ソーシャルワーカーは何をする専門職だと認識しているだろうか。本節では、あなたがめざそうとしているソーシャルワーカーとは、「ソーシャルワークを行う専門職である」ということを理解していきたい。これを理解するためには、ソーシャルワークとは何かを考えなければならない。

そこで、まずソーシャルワークは、どのような目的のために、どのような対象を設定して活動しようとしているのかを考える。次に、その目的を達成しようとするために、ソーシャルワークでは対象をどのようにとらえようとしているのか、その見方をソーシャルワークの枠組み・視点として考える。最後に、その見方を使って実践するソーシャルワークの具体的な方法について考えていきたい。

1 ソーシャルワークの目的・対象

(1) ソーシャルワークの目的と二つの対象設定

国際ソーシャルワーカー連盟は、ソーシャルワークを以下のように定義している。この定義は、2014年7月の国際ソーシャルワーカー連盟・国際ソーシャルワーク学校連盟総会において採択されたものである。

ソーシャルワーク（専門職）のグローバル定義

> ソーシャルワークは、社会変革と社会開発、社会的結束、および人々のエンパワメントと解放を促進する、実践に基づいた専門職であり学問である。社会正義、人権、集団的責任、

国際ソーシャルワーカー連盟
→科目「相談援助の基盤と専門職」の学習内容

ソーシャルワークの定義
ソーシャルワークの定義は2000年に定められたが、よりグローバルな定義にするためソーシャルワーク（専門職）のグローバル定義として2014年に採択された。

および多様性尊重の諸原理は、ソーシャルワークの中核をなす。ソーシャルワークの理論、社会科学、人文学、および地域・民族固有の知を基盤として、ソーシャルワークは、生活課題に取り組みウェルビーイングを高めるよう、人々やさまざまな構造に働きかける。

この定義は、各国および世界の各地域で展開してもよい。

ソーシャルワークのグローバル定義（日本語訳文）の脚注には、「『ソーシャルワークとは、人々が主体的に生活課題に取り組みウェルビーイングを高められるよう人々に関わるとともに、ウェルビーイングを高めるための変革に向けて人々とともにさまざまな構造に働きかける』という意味合いで理解すべきであろう」という説明がある。これは、ソーシャルワークの目的と対象をわかりやすく説明している。つまり、ソーシャルワークは、人々のウェルビーイングを高めることを目的として、人々に生じている「生活課題」とその生活課題が生じる背景としての「社会」という二つの対象を設定しているのである。

生活課題の発生やその背景は、どこの社会でも同じではなく、人々の生活のありようによって異なっている。たとえば、農村と都市では暮らしの仕組みが異なるように、同じように生じている生活課題でも、その背景を見てみると固有な理由が存在している。

人々の生活問題が発生しているのは地域社会の場であるから、そこに形成されているニーズ充足のための資源・サービスの管理運営の仕組みを、個々のニーズが充足できる関係性へと整えることが、「地域社会づくり」としてめざすところであり、問題解決の根本になるということである。

したがって、ソーシャルワークは、人々のウェルビーイングを高めるために、生活問題を解決・緩和しつつその背景としての地域社会の仕組みを変革できる条件を整える地域社会づくりを行い、人々が主体的に生活問題に取り組めるようにする。

ウェルビーイング
個人の生活が身体的・精神的・社会的に「良好な状態（well-being）」であることを意味する概念。

（2）ソーシャルワークの課題

　生活問題を解決・緩和することと地域社会づくりを関連づけて同時並行的に進めるためには、生活問題の解決・緩和と地域社会づくりの連関をどのように整合性をもって説明し、実践するのかが課題となる。これまで個別の生活問題を解決・緩和するためのケアマネジメントなどに関する制度・政策、実践方法は一定程度充実してきた。しかし、それらと地域社会づくりを関連づけた理論、制度・政策、実践の整合性が備わっているとは言い難い。

　その一つの背景として、社会福祉関係法・制度とソーシャルワーク実践の整合性がとれていないことがある。たとえば、「社会福祉士及び介護福祉士法」では、その対象を「身体上若しくは精神上の障害があること又は環境上の理由により日常生活を営むのに支障がある者」として「個人」に設定し、①相談に応じ、②助言、③指導、福祉サービスを提供する者又は医師その他の保健医療サービスを提供する者その他の関係者との④連絡及び⑤調整⑥その他の援助を行うことと、「相談援助業務」を定めている。また、介護保険法・制度などは、個人のニーズに対する資源・サービスの供給を定めている。今日、福祉現場で多用される「利用者」という言葉は、「福祉サービスの利用者」という表現が使われた社会福祉法の施行後、現場で多く使われるようになった。

　これまでの多くの社会福祉専門職の実践は、こういった社会福祉関係法・制度に規定された利用者・個人の生活問題を解決・緩和するための相談援助実践の展開が中心であった。そこでは、利用者に対する支援は行われてきたものの、潜在的ニーズをもつ人々に対する支援や地域社会づくりの働きかけは、社会福祉制度・政策としての取り組みは十分ではなかった。社会福祉法第4条に「福祉サービスを必要とする地域住民」に対する地域福祉の推進を規定しても、それを、それぞれの地域社会において実践できる制度・政策を整えてはこなかった。そのため生活問題の解決・緩和の実践と地域社会づくりの実践は、それぞれに展開されてきた。人々が主体的に生活課題に取り組めるための地域社会づくりは、理念と制度・政策、実践との一貫性・整合性が備わっていなかったのである。

　このように、ソーシャルワークの定義の理念と国の社会福祉関

社会福祉法
→科目「現代社会と福祉」の学習内容

係法・制度との間に整合性がとれていないことが，多様な生活問題を生み出している背景の一つであると考えられる。

　今日，地域住民相互のつながりや地域行政との関係は，一層希薄になり，人々の生活問題は多様・複雑な形態で発生し続けている。近年では，社会福祉関係法・制度のなかでは対応できない生活問題も多く発生している。生活問題の解決・緩和のみならず，その背景となる地域社会の仕組みを変革できる主体づくりを働きかけるソーシャルワーク実践がさらに求められていると考えるのである。そのためにも，地域社会を構成する地域住民と地域行政がともに参加し協議・協働することができるための理論，制度・政策，実践の整合性が求められているのである。

2　ソーシャルワークの枠組み・視点

　ソーシャルワーカーは，人々が主体的に生活課題に取り組みウェルビーイングを高めるための変革に向けて人々とともにさまざまな構造に働きかける。ソーシャルワーカーは，専門職としてこういった目的をどのような方法によって達成しようとしているのだろうか。また，専門職として対象を，どのようにとらえようとしているのだろうか。

　ここでは，ソーシャルワークの専門職としての固有な見方を理解していきたい。医師をはじめ専門職は，その専門職固有の枠組み・見方をもつように，ソーシャルワーカーもその専門性から固有な枠組みと視点をもっている。その枠組みと視点を実習において意識できることが専門職になるために必要なことである。そこで，異なる地域社会の自立的・持続的発展を人々の参加実践によりめざすことを主体的に論じている「参加型地域社会開発論（Participatory Local Social Development：PLSD）」に準拠しつつ検討していきたい。

(1) 生活の理解

　ソーシャルワークを理解するためには，まず私たちの生活がど

PLSD
地域社会が自立的・持続的に発展するために，地域社会（システム）の固有な状況をふまえ，住民と行政がともに参加・協働する活動経験を共有しながら学習を積み上げていこうとする実践的理論。

地域社会
大濱は，地域社会を「社会的能力が形成・維持・蓄積される，また，それらを実体として担保していく社会的制度メカニズムが構築されていく『社会的な場（Social Venue）』」とする。
大濱（2007）

地域コミュニティ
自治会・町内会など人々の共有資源を人々が利用管理運営する場

老人デイサービスセンター
→科目「高齢者に対する支援と介護保険制度」の学習内容

のように成り立っているのかを理解しなければならない。生活とは，生きるためにニーズを充足する過程である。私たちが，安心して暮らせるためには，ニーズの充足に必要な資源・サービスを必要なときに必要なだけ得ることができなくてはならない。それを成り立たせているのが，地域社会の場に形成されている資源・サービスの利用管理運営の仕組みと個別の社会関係の形成である。

この地域社会の場には，資源・サービスを管理運営する場として家庭，地域コミュニティ，行政，市場の場があり，個人は，その資源・サービスを利用するために仕組み・制度と社会関係を形成している。この地域社会のとらえ方は，「参加型地域社会開発論」の考え方であるが，地域社会を地域住民のつながりや共同体のみでとらえるのではなく，地域住民の生活が営まれている家庭，地域コミュニティ，行政，市場の場のサブシステムを統合した資源・サービスの利用管理運営のシステムが形成されている場としている。

たとえば，老人デイサービスセンターを利用しながら家庭で暮らすAさんの生活は，地域社会のなかの地域コミュニティのなかの家庭の場の暮らし方と老人デイサービスセンターの場の過ごし方を関連づけ統合したところに見出される。

老人デイサービスセンターを利用しているということは，家庭の場では充足できないAさんや家族のニーズを施設の場で充足していることである。そのニーズの充足は，関係法・制度に規定された施設内部の資源の管理運営の仕組みとAさんや家族との関係のありようによって規定されている。また，家庭の状況や地域コミュニティでの近隣住民・ボランティアの状況などと，それとAさんとの関係のありようの全体が，Aさんが老人デイサービスセンターを利用している理由・背景になり，それを理解することがAさんの立場からAさんの生活を理解することになるのである。

しかし，農村と都市では生活スタイルが異なるように，地域社会の暮らし方は同じでない。その人の生活を理解しようとするならば，その人が生きるために，地域社会の場のどのような仕組み・制度で管理運営されている資源・サービスを，どのような社会関係を形成して利用し暮らしてきたのかを，その人の立場から個別的・全体的にとらえる必要がある。この多様な個別の社会関係の

図2 人と環境の関係

全体が個々の暮らしであり、その総体が地域社会の場を形成している。そして、その地域社会の場のあり様が人々の暮らしを規定している。

このように、生活をとらえると、地域社会のそれぞれの生活の場の仕組み・制度が、その人にとっての社会生活環境そのものであると理解することができる。また、その環境および環境と人をつなぐ社会関係のあり様が人の生活を規定することが理解できる。

つまり、その人の生活を理解するとは、生活の場のその人とその人を取り巻く環境とその関係を理解することにほかならないのである。それを図に示すと、図2のような人と環境の関係になるであろう。「人は環境のなかで生きている」という左の図を、生活の場における「人」と「環境」という枠組みを設定して「関係」をとらえようとしたのが右の図である。

環境
人間または生物をとりまき、それと相互作用を及ぼし合うものとして見た外界であり、それは自然的環境と社会的環境とがある。(広辞苑第6版)

(2) 生活問題の理解

クライエントとは、専門家が来談者や依頼人をとらえる概念であるが、ときにクライエントが複数の人の集まりである場合もある。

社会福祉分野におけるクライエントとは、個人のみならず充足したいニーズが充足できていない家庭、小集団・組織、地域コミュニティを表している。たとえば、自宅で暮らす高齢者が、できるだけ長く自宅で暮らしたいために老人デイサービスセンターを利用する場合、高齢者のみをクライエントとするのではなく家族も含んでクライエントとしてとらえる場合がある。また、老人デイサービスセンターを利用する高齢者の家族の会などをクライエントとしてとらえる場合や地域コミュニティで暮らす地域住民全体をクライエントとしてとらえてソーシャルワークを展開する場合

がある。

　ソーシャルワークにおいて生活問題をとらえる場合，生活の理解で示した人と環境の関係を，クライエントと環境として枠組みを設定しその関係をとらえる。この関係に，ニーズの充足されない関係性があるので，生活問題が生じている。それは，クライエントをとりまく「環境」の不備から生じているか，環境は備わっているが，環境との「関係」が形成できないから生じているか，その両方から生じているかである。岡村重夫は，このように生活問題をとらえる視点を，「社会関係」という概念で説明している。

　たとえば，老人デイサービスセンターを利用しながら家庭で暮らす左片マヒのあるAさんが，施設の余暇時間に「町の文化祭」に出展する作品を作成し，出展したので観に行きたいと希望したが，施設では外出支援は法・制度上できないので叶わなかった。このことは，そのような法・制度の状況（環境）から生まれたAさんのニーズの不充足である。つまり，Aさんは「町の文化祭」へ行くため，施設と「社会関係」が形成できなかったのである。その外出をAさんの家族によって行うことも考えられるが，それに必要な資源（人手）が家庭内にない又は家族関係によってはできない場合もある。また，近所の知人が連れて行ってくれることも考えられるが，そういった資源（人手）があるかないか，社会関係を形成できるかどうかはその人，または家庭によって，家庭が属する地域コミュニティによって異なる。

　このように，生活問題は，Aさんをとりまく環境とAさんと

> **社会関係**
> 岡村は，人々が社会生活の基本的要求を充足するために，社会制度との間にとりむすぶ関係を「社会関係」とし，社会福祉の対象を「社会関係の不調和」「社会関係の欠損」「社会制度の欠陥」の三つであるとした。
> 岡村（1983）

図3　ソーシャルワークの枠組み・視点

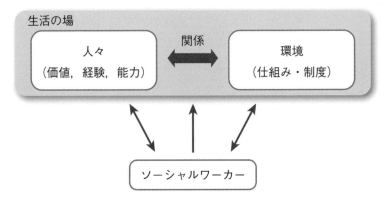

の関係性により生じているのである。

（3）生活問題の背景の理解

　生活問題の背景をとらえることもクライエントと環境の関係としてとらえる。クライエントは環境のなかで生活している。そこで，クライエントにニーズの不充足が生じているということは，生活の場にその生活問題が生じる人々と環境の関係性があるということである。それは，人々と環境との関係性が，相互に補完できない関係性だからである。

　たとえば，先の事例で考えてみよう。老人デイサービスセンターを利用しながら家庭で暮らす左片マヒのAさんは，結局「町の文化祭」に行けなかったとする。それは，地域社会の場で暮らすAさんが意思表示をしなかった（できなかった）のか，環境の側が対応しなかった（できなかった）というニーズが補完できない社会関係だったからである。

　Aさんをとりまく環境としての老人デイサービスセンターまたは家庭，地域コミュニティ，行政，市場の場のどこかにAさんのニーズとその充足に必要な資源・サービスを，調整・開発できる条件が整っていれば社会関係が形成され生活問題は発生しなかったであろう。

（4）働きかけの理解

　生活課題が主体的に解決される関係を，クライエントと専門職の関係または地域住民と地域行政の関係として考えてみたい。この関係において，生活課題が主体的に解決されるためには，クライエントのみまたは環境のみに変化を求めるのではなく，お互いが問題を認識して，できることを話し合い・出し合う，ともに変化するエンパワメントの関係でなくてはならない。それは，そうしようとする価値と経験，能力，仕組み・制度が，その相互関係に備わっているから可能になるのである。

　老人デイサービスセンターの場であれ，家庭の場であれ，ニーズの不充足を解決しようとする価値と経験，能力，仕組み・制度が，人と環境の関係に備わっていれば生活問題は解決されるであ

エンパワメント
地域社会の問題状況が生まれる背景を主体的に変化させられる価値と経験，能力，仕組み・制度を経験的に整えていく過程。

ろう。たとえば，老人デイサービスセンターを利用する左片マヒのAさんの事例において老人デイサービスセンターにAさんの思いを実現するという価値と経験，能力，仕組み・制度があれば，Aさんは「町の文化祭」を観にいくことができたであろう。それは，Aさんと環境としての老人デイサービスセンターの関係が支援を可能にする関係性になったことである。さらに，その関係性が自立的・持続的になるためには地域社会全体にそれを可能にする価値，経験，能力，仕組み・制度が理解され備わっている必要がある。

　つまり，生活の場に生活問題を解決・緩和しようとする価値とそれを可能にする能力，仕組み・制度を形成・蓄積させていくため，地域住民と専門家が互いに協力し合い，両者が相互に補完し合える，エンパワメントの関係性を構築していくことが，生活の場の主体的な生活問題の解決の取組みを可能にしていくのである。

　しかし，生活の場における人々の参加のあり様は日常生活のニーズ充足の仕組み・制度を利用する社会関係そのものである。たとえば，生活に必要な資源を共有し共同で利用し管理運営する人々の生活と，そのような共有資源の利用管理はなく個人が市場と行政の仕組み・制度との社会関係のみを形成して暮らす人々の生活では，日常生活における参加の実態はまったく異なってくる。その地域社会に形成されている生活の仕組み・制度は，人々の価値と経験，能力を異ならせ，それが，地域社会全体を規定する。

　したがって，それぞれの生活の場の「人々と環境との関係性」を相互に補い合える相補性の備わった関係とするためには，相互の価値の変容がまず必要になる。それを働きかける方法が，資源・サービスの利用管理運営への参加の働きかけである。その参加経験の積み重ねが，生活問題の解決に向けたそれぞれの価値と経験，能力を変容させ，生活問題が発生する根源である「環境」としての地域社会の仕組み・制度の変革を地域住民が主体的・自治的にできる地域社会の場にしていくのである。

　「ソーシャルワークとは，人々が主体的に生活課題に取り組みウェルビーイングを高められるよう人々に関わるとともに，ウェルビーイングを高めるための変革に向けて人々とともにさまざまな構造に働きかける」のである。

　これまで説明した生活の理解，生活問題の理解，生活問題の背

景の理解，働きかけの理解を統合的・視覚的に示しているのが，図3（p.12「ソーシャルワークの枠組み・視点」）である。

3 ソーシャルワークの専門性

ソーシャルワークの目的を達成するために，ソーシャルワーカーにはどのような専門性が備わっていなければならないのだろうか。ここでは，ソーシャルワークの専門性について考えていきたい。

(1) ソーシャルワークの価値

ソーシャルワークは，人々が主体的に生活問題を解決できるための地域社会づくりを，人々とともに行う過程である。人々がソーシャルワーカーとともに生活問題を解決・緩和し，地域社会づくりを行うためには，そのことに人々がかかわってみようと思うことが必要である。人々のそのような主体的参加を生み出すきっかけや動機はさまざまであるが，ソーシャルワーカーの働きかけとしては，生活問題を解決・緩和していくプロセスでの人々とのかかわり・対話とそのあり方になるであろう。

このような働きかけをするためにソーシャルワーカーに求められるのは，人々が地域社会生活の「主体者」であり，尊重されるべき存在だとする価値・規範とそれを実体化するために必要となる態度，知識，技術である。

ここでいう価値・規範とは，たとえば，人々が地域社会生活の「主体者」だとするソーシャルワークの価値が，その社会において一つのモデルに成り得ているかどうかが規範の意味することであり，価値のみではなく，その価値が規範として成り立っているかどうかがソーシャルワーカーのもつ価値として重要なことになる。ソーシャルワーカーは，その価値・規範に基づく態度をとり，その価値・規範に基づく知識・技術を内在化させ，目的を達成させるのである。以後，「ソーシャルワークの価値」という場合，この規範を含めた価値・規範を意味していることとする。

> ソーシャルワークの専門性
> →科目「相談援助の基盤と専門職」「相談援助の理論と方法」の学習内容

交互作用
二つ以上の要因がお互いに影響を及ぼし合うことである。二者間の相互作用は，三者以上で交互作用となる。

　一方で，ソーシャルワークの価値と地域社会の人々のもつ価値・規範が，必ずしも一致するとは限らない。人々のもつ価値・規範は，人々の日々の暮らし方，つまり人々と環境の関係性に規定され形成されている。人々と環境との交互作用により形成されているのが，人々の価値・規範でもある。ソーシャルワーカーは，人々の価値・規範は地域社会での生活のあり様に規定されているということをふまえ，人々との相互関係を形成する。そして，人々との信頼関係を形成しつつ，人々の希望・思い，認識，気づき，力を引き出し，生活問題の解決・緩和への具体的な取り組み・活動のなかで，経験的に人々と地域社会の価値・規範の変容を意図するのである。

　つまり，ソーシャルワーカーの価値を基盤にした態度，知識，技術のありようが，人々との相互関係とソーシャルワークの過程，結果に影響を与えるのである。その意味で，ソーシャルワークの価値こそが態度，知識，技術の間に目的合理性に基づく相互補完的な関係を創造・構築していく要（礎石）となる（図4）。

　たとえば，老人デイサービスセンターのソーシャルワーカーが，利用者を「地域社会のなかで暮らす住民」ととらえれば，おのずとその人の地域社会の場における人生に着目し，その人が話す物語・言葉に耳を傾けるであろうし，そのような人々が主体的に生きられる地域社会づくりに目を向け，実践しようとするであろう。また，それに必要な態度と知識，技術を身につけようとするであろう。

　しかし，利用者を単に福祉サービスの「利用者」ととらえれば，サービスを提供する立場から「利用者」とかかわり，それに必要

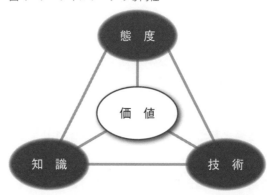

図4　ソーシャルワークの専門性

な態度をとることになるであろうし，サービス提供に必要な知識と技術を身につけようとするであろう。

　ソーシャルワーカーがもつ価値の違いは，人々との関係性や人々の主体性や「生活の場」の自立性，持続性をも異ならせることになるであろう。ソーシャルワーカーの価値と原則，倫理基準を具体的に定めているのがソーシャルワーカーの倫理綱領である。

> ソーシャルワーカーの倫理綱領
> →巻末資料参照

（2）ソーシャルワークの基本的態度，知識，技術

❶ 態度

　『広辞苑（第6版）』によると，態度とは「情況に対応して自己の感情や意志を外形に表したもの」である。ソーシャルワーカーの態度は，人々との関係形成に最も影響を与える。しかし，ソーシャルワーカーの態度は，そのソーシャルワーカーの価値に規定されているため態度だけを整えても，それは表面的なことであり，ソーシャルワーカーのもつ価値がその本質的な課題となる。

　人々を「主体者」とする価値に基づく態度とは，人々と同じ目線に立ち，話し合いながら，ともに考えていく態度である。そこでは，地域社会のなかで生きる人々の生き方を受容・共感して，人々の自己決定を尊重する。人々との関係形成に最も影響を与えるのが，価値を外形に表した態度になるのである。

　ソーシャルワークは，人々とともに誰もが安心して暮らせる社会の実現をめざす。そのためには，人々とともに協議・協働できる関係の形成が必要不可欠であるが，その基盤はソーシャルワーカーの態度・姿勢になるのである。

❷ 知識

　しかし，ソーシャルワークの価値に基づく態度があれば，ソーシャルワークの目的が達成できるわけではない。目的達成に向けて専門的知識が必要になる。

　その知識は，支援のために一方的に活用するのではない。人々が主体的に生活課題に取り組むために知識を相互に出し合いともに整えていくために活用するのである。ソーシャルワーカーに求められる知識は，人々と環境の関係性を読み解き，人々がそれを理解できるようになるための知識である。

人々と環境の関係性を読み解くために「人」に関してもつべき知識とは，障害や病気など人の身体的・心理的・精神的状況や社会的状況などを理解できる知識である。一方，「環境」に関する知識は，人々の地域社会生活（ニーズ充足にかかわる地域社会の資源・サービスとその利用管理運営の仕組み・制度）を理解する知識になるため，非常に多様である。その一例を示せば，人々の社会・経済状況を理解するための失業，年金や医療等の社会保険制度や社会福祉制度などに関する知識，余暇や防災など地域コミュニティでの住民組織活動を理解する知識，福祉サービスの利用管理運営に関する知識などが必要になる。

　さらに，それらは相互に関係しているという人々と環境との関係性を読み解き，人々の参加実践を働きかけ，人々が主体的に生活課題を解決・緩和できる地域社会づくりを支援するための知識が必要になる。

❸ 技術

　ソーシャルワーカーは，これらの知識を目標達成に向けて活用するための専門的技術をもたなければならない。

　人々の生活問題の解決・緩和の取り組みを通して，人々が主体的に生活課題を解決できる経験，価値，能力，制度を，人々とともに整える技術が必要になる。そこでは，生活問題を解決する技術と地域社会づくりを行うための技術が必要になる。人々と信頼関係を形成し，コミュニケーションを図る技術や情報を整理し分析・評価する技術，支援計画を策定する技術，多職種との連携を図る技術，ネットワーク形成の技術及びその過程での人々の意識変化や組織形成，能力形成のための技術が必要になる。

　ソーシャルワーカーは，「価値」を基盤として態度，知識，技術を統合してソーシャルワーク実践を展開している。ソーシャルワーカーが専門職としてその目的を達成するためには，ソーシャルワークの「価値」に基づく態度と「価値」に基づく知識，「価値」に基づく技術を身につける必要がある。また，これらが相互に関連しながら変化することで，より高い実践力をもつソーシャルワーカーになっていくのである。

第3節 ソーシャルワークを学ぶ実習のねらい

1 実習のねらいとソーシャルワークの基礎的な七つの力

　実習は，講義科目で学んだことを演習で模擬的に体験したうえで，実践の場において学ぶものである。実習では，ソーシャルワークの専門性に基づいた実践が求められる。そのときに必要になるのが，ソーシャルワークの価値と態度・知識・技術であり，これらを身につける必要がある。

　実際にソーシャルワーク実践を行うためには，その専門性を「わかる」だけでなく，「できる」ようにならなければならない。では，ソーシャルワーク実践が実際に「できる」ようになるためには，どのような力が備わっていなければならないのであろうか。そのことを示したのが，図5（p.20）である。

　ソーシャルワーカーは，クライエントが抱える問題に対して，人々と環境との関係に働きかけ，そこでの生活が継続できるよう，生活の場の仕組み・制度を整える。整えるべき関係は，クライエントの「生活のしづらさ」に対して環境がそれを補うことができる関係である。また，それが継続できるよう働きかける。ソーシャルワーカーは，クライエントと環境の両者に働きかけて，「生活のしづらさ」を改善し，補い合える関係にしていくのである。すなわち，ソーシャルワークとは家庭の場や地域コミュニティの場，地域社会の場など，クライエントを含めた人々の生活の場に相補性が備わるように援助することなのである。

　それが「できる」ためには，人々との関係を形成する力，援助関係を形成する力，アセスメントする力，働きかける力，人々と連携する力，ソーシャルワークを伝達する力が必要であり，これらの力を発揮するために自らの実践をふりかえる力がその基盤として必要になる。これらを合わせてソーシャルワークの基礎的な七つの力とした。この力を身につけ実践することが，ソーシャルワーカーには求められるといえる。

ソーシャルワークの専門性
→序章第2節3参照

図5 ソーシャルワークの基礎的な七つの力

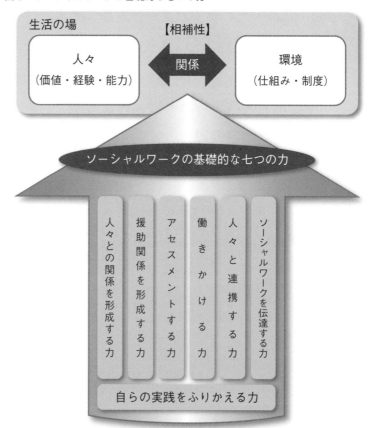

　ソーシャルワークの基礎的な七つの力は，これまでのソーシャルワークの実践の積み重ねをふまえて作成したものであり，ソーシャルワークのグローバル定義と社養協が作成したガイドラインの内容を含むものである。事前学習から事後学習をとおして，習得できることを目標としている。七つの力のすべてを実習だけで身につけられるわけではないだろうが，実習中のさまざまな場面をとおして，七つの力を高めることを意識してほしい。

2 ソーシャルワークの基礎的な七つの力

この項では、ソーシャルワークの基礎的な七つの力について、それぞれ具体的に説明していく。

(1) 人々との関係を形成する力

人々との関係を形成する力とは、「個人、家族、小集団・組織、地域コミュニティの人々と関係を形成できる力」を意味している。

ソーシャルワークは、人々が主体的に生活問題に取り組める地域社会づくりを意図している。そのためには、クライエントのみならず、地域社会を構成する多様な人々とともに活動できることが必要になる。その基盤となるのが、ソーシャルワーカーと人々との関係を形成する力である。

ソーシャルワーカーは、人種・言語・宗教・障害・文化などにかかわらず、人々の権利を尊重しなければならない。つまり、クライエントがどのような背景をもっていたとしても、人として尊重することがソーシャルワークの基本となる。このことを基礎として、人々との関係を形成する力が求められるのである。

たとえば、老人デイサービスセンターのソーシャルワーカーならば、Aさんがどのような生活状況にあったとしても、よりよい人間関係を形成することが求められる。また、Aさんのみならず、家族や職員、ボランティアとしてかかわる人々、その他の関係者など、地域社会を構成する人々と人間関係を形成できることが求められる。そして、この関係を形成する力は、援助関係を形成する力へとつながることを志向している。

(2) 援助関係を形成する力

援助関係を形成する力とは、「人々と専門的な援助関係を形成できる力」を意味している。

ソーシャルワーカーは、人々が自分自身の抱える生活問題の解決への取り組みを促進するだけでなく、主体的に生活問題に取り組める地域社会づくりをめざしている。そのような取り組みをす

るためには，ソーシャルワーカーとクライエントとの間に「専門的な援助関係」を形成する必要がある。

　援助関係を形成する力は「人々との関係を形成する力」が基盤となるのはいうまでもない。ソーシャルワーカーは，人々との関係を形成しつつ，クライエントの生活問題の解決に向けて，主体性を強化していくことができるような援助関係を形成していく。

　たとえば，老人デイサービスセンターのソーシャルワーカーならば，Aさんとよりよい人間関係が形成できるだけでなく，Aさんの抱える問題を解決するための専門的な援助関係を形成する必要がある。また，そのプロセスにおいてAさんが主体的に取り組むことを援助するための関係を，家族やAさんをとりまく関係者を含めて形成するのである。

(3) アセスメントする力

　アセスメントする力とは，「人々と環境との関係をアセスメントできる力」を意味している。クライエントと環境の関係について，さまざまな方向からアセスメントすることにより，クライエントの生活課題を把握していく。

　ソーシャルワーカーは暮らしのなかにおけるクライエントの困りごとだけでなく，できていることやクライエントのもつ力や強さを含めて，アセスメントを行う。その結果，クライエントの生活課題を明確にし，援助の目標を立てる。その際，アセスメントシートにある項目を情報収集するなかで，その背景には何があるのか，そのことをクライエントはどう考えているのか，どのようになりたいと考えているのか，クライエントの立場に立った理解が必要である。

　たとえば，老人デイサービスセンターのソーシャルワーカーならば，Aさんにどのような困りごとがあるか，Aさんと環境との関係性や生活課題の背景などを総合的にアセスメントしていくことが求められる。具体的には，Aさんの身体的，精神的，社会的な状況を明確にしつつ，自宅や老人デイサービスセンターでのすごし方や，地域社会との関係性についてAさんの立場に立って総合的にアセスメントする。そして，Aさんの生活課題を解決するための支援計画を立案するのである。

アセスメント
アセスメントでは，情報収集だけでなく分析，評価することが求められる。多くの実習先では，本人や家族の状況などのアセスメント項目をまとめたアセスメントシートを活用している。

(4) 働きかける力

　働きかける力とは,「人々と環境との関係に働きかけができる力」を意味している。働きかけの方向性は, クライエントのみならず, クライエントとそれをとりまく環境との関係に向けられる。また, 働きかけることによって, クライエントの生活課題が解決の方向に向かい, その状況を継続できることが求められる。

　「働きかけ」は, 人々との関係や援助関係を形成する段階から意図されなければならない。このとき, 目的達成に向けてクライエントと援助する側が, 対等な関係に基づいて働きかけをしていく。

　クライエントおよびクライエントが生活を営む場は, それぞれ異なり固有のものである。したがって,「働きかけ」の対象は, 人々または地域社会によって異なってくる。つまり, 生活課題の内容やその環境に合わせた働きかけ方が求められる。実際に働きかけていくうえでは, クライエントに直接的に働きかけることもあれば, 環境に対する働きかけをとおして, 間接的に働きかけることもある。

　たとえば, 老人デイサービスセンターのソーシャルワーカーならば, Aさんのニーズ充足に向けて必要となる社会資源やサービスの調整に向けて, Aさん自身や周囲の人々, 関係機関に働きかける。また, Aさんのこれまでの生活経験から体得してきた能力にAさん自身が気づき, 受容することを援助する。一方で, 生活課題が生じる環境へも働きかけ, 社会資源の仕組みや制度を整えることで,「生活の場」を維持できるよう働きかける。いずれにしても, ソーシャルワーカーとAさん及びかかわる人々がともに生活課題の解決に向けた取り組みをしていくことが必要である。

社会資源
→科目「相談援助の理論と方法」「地域福祉の理論と方法」の学習内容

(5) 人々と連携する力

　人々と連携する力とは,「社会変革に向けて人々と連携できる力」を意味している。クライエントは, 多様な生活課題を抱えている。それらを解決していくために, さまざまな人や関係機関と連携する必要がある。ソーシャルワーカーは, これらのつながり

を持続可能なネットワークとして形成するためにも，人々と連携する力が求められる。

このような多（他）職種連携を図る取り組みの一方で，人々が安心して地域で暮らすためには，生活課題が発生しないような地域社会づくりを進めることも必要である。予防的な取り組みのためにも，ソーシャルワーカーは人々とネットワークを形成していく。

たとえば，老人デイサービスセンターのソーシャルワーカーならば，クライエントがサービスを利用することで在宅生活が継続できるよう，老人デイサービスセンターの内部はもちろん，関係機関と連携する力が求められる。また，年齢や障害の状況等により，既存の福祉サービスでは充足できないニーズがある場合，社会資源の仕組みや制度の変革のために他機関と連携を図ることもある。地域社会において，認知症に対する理解が不足しているために，在宅生活の継続ができない場合など，認知症の理解に関して住民の意識改革のための取り組みを行ったり，他の専門職と連携することにより，必要な社会資源やサービスを開発するための取り組みを行うこともある。

（6）ソーシャルワークを伝達する力

ソーシャルワークを伝達する力とは，「ソーシャルワークを言語化し伝達できる力」を意味している。

ソーシャルワーカーは，何を目的としてどのようなかかわりをするのか，援助の目的や根拠を他者にわかりやすく伝えることができなければならない。さらに，援助したプロセスや結果を自らの言葉で説明するために，ソーシャルワークを言語化できることが必要である。さらに，ソーシャルワーカーはソーシャルワーク実践場面における経験知や暗黙知に対しても言語化し，伝える努力も求められる。

クライエントの地域社会での生活を支えるためには，ソーシャルワークを言語化し，地域社会に向けて発信していくという，ソーシャルワークを伝達する力が欠かせない。

たとえば，老人デイサービスセンターのソーシャルワーカーならば，まずはAさんや家族に援助の目的や方法を伝えられるこ

経験知
経験知とは，経験したことで得た知識や，実践をとおして得られた勘や感覚など体得された知識のことをいう。

暗黙知
暗黙知とは，暗黙のうえで知っているような，主観的で言語化することができない知識のことをいう。

とが求められる。さらに、職員や関係者、地域の人々と連携して活動をするためには、Aさんのめざすべき生活課題と目標をともに考え、共有することができなければならない。また、Aさんが安心して暮らせるような社会づくりのためにも、言語化し、地域社会に向けて伝達することは避けては通れない。

(7) 自らの実践をふりかえる力

自らの実践をふりかえる力とは、「実践経験に向き合い、六つの力の変化に気づき、それをソーシャルワーク実践に活かすことができる力」を意味している。

ソーシャルワークは、人々と環境との関係をとらえるところに固有の専門性がある。人々と環境との関係に対するやりとりは、形として残らないという特性がある。そのことにより、どのような関係形成が人々にとって有効であったのか、判断・評価しにくいという特徴がある。

ソーシャルワーカーは、自分自身のソーシャルワークの実践内容やプロセスが適切であったか判断・評価するためにも、自らの実践をふりかえる必要がある。

たとえば、老人デイサービスセンターのソーシャルワーカーならば、Aさんの生活課題が解決できたのかという結果だけでなく、Aさんが主体的に生活課題に取り組むことができたのかという、その援助プロセスや内容をふりかえる。特に、ソーシャルワーカーとしての価値と態度・知識・技術への気づきを、自ら促すことが必要である。

そこで重要になるのが、ソーシャルワーカーが自らの実践をふりかえる場としてのスーパービジョンである。スーパービジョンでは、スーパーバイザーとのやりとりをとおして、スーパーバイジーの実践内容やそのプロセスと結果をふりかえる。そのことにより、自分自身の言動や態度、専門性についてふりかえり、ソーシャルワークの基礎的な七つの力を確認することができる。何気ないふだんの自分の言動から、ソーシャルワーカーとしての価値と態度・知識・技術を客観的にみつめ、自分自身と向きあうことが必要である。

実習ではさまざまな経験をすることになるが、実習指導者、実

スーパービジョン
→科目「相談援助の理論と方法」の学習内容

スーパーバイザー
→科目「相談援助の理論と方法」の学習内容

スーパーバイジー
→科目「相談援助の理論と方法」の学習内容

習担当教員のスーパービジョンを受けることで，その経験に向きあい，新たな気づきを発見することができる。自らの実践をふりかえることは，その他の六つの力を習得するための基礎となる。

　以上，ソーシャルワークの基礎的な七つの力は，あなたがソーシャルワーク実践をしていくために必要な力である。この七つの力を身につけることで，ソーシャルワークの価値と態度・知識・技術を実践できるようになる。これは，実習場面で求められるだけでなく，実習教育を経て，ソーシャルワーカーとして実践するうえでの基礎になっていくものである。そして，この七つの力は，実践場面でくりかえし取り組み，ふりかえることにより，徐々にその力を向上させていくことができる。
　ソーシャルワークの基礎的な七つの力を実習担当教員，実習指導者による実習教育（スーパービジョン）をとおして高めよう。

第1章

実習を始めるにあたって

第1節　実習教育のしくみ

第2節　ソーシャルワーカーをめざす動機を説明できる

第3節　配属実習の目標としくみを理解し，実習動機を説明できる

第1節　実習教育のしくみ

　実習を始めるにあたって，あなたは実習をどのようなものだとイメージしているだろうか。実習を楽しみにしているだろうか。それとも不安でいっぱいだろうか。第1章は，あなたが実習を始めるにあたって，ソーシャルワーカーをめざす動機を説明できることを目的としている。実習教育の全体像を理解したうえで，その動機を説明できるための学習を進めていく。

1　実習教育の全体像

　あなたは今までに友人などから相談を受けたことがあっただろう。あなたは友人の相談に対応できるだけの力量をもっているのに，なぜ実習に行かなければならないのだろうか。友人として相談にのる場合と，ソーシャルワーカーとして相談に対応する場合では，何が異なるのだろうか。

　専門職の養成課程では，一般的に「講義・演習・実習」を通して教育がなされる。ソーシャルワーカーの養成課程においても同様である。このプロセスで学んでいくのが，専門職としての価値と態度・知識・技術である。つまり，友人として相談にのる場合と異なり，ソーシャルワーカーとしての相談には，専門職としての価値と態度・知識・技術に基づいた援助であることが求められるのである。

　ソーシャルワークの実習教育の全体像を見た場合，教育内容，教育プロセス，実習教育における関係性の三つの要素がある。

　教育内容は，図1-1に示すように講義科目・演習科目・実習科目（実習指導と配属実習）の三つから構成されている。座学として講義科目で知識を学び，演習科目において実践現場で必要とされる知識や技術を模擬的に体験する。そして，配属実習で実践的な技術等を体得していく。「講義・演習・実習」は相互に関連

しており，循環させながら学んでいく。この「講義・演習・実習」の三つの内容を含めて広義の実習教育という。実習科目は，事前学習から事後学習を通しての実習指導と，実習施設における配属実習の二つから構成されている。最も狭義の実習教育が，実習施設における配属実習である。このテキストは実習科目に対応した構成になっている。

　教育プロセスは，事前学習・事中学習（配属実習）・事後学習の三つから構成される。配属実習は，単にソーシャルワークの実践現場を体験するにとどまらず，ソーシャルワークのための基礎的な七つの力を身につけることをめざしている。配属実習に向けた事前学習と，配属実習を終えた後の事後学習にいかに取り組むかによって，事中学習である配属実習の学びの深まりや意味づけが異なり，ソーシャルワークの基礎的な七つの力の到達度も異なってくる。

　実習教育における関係性は，実習生，実習指導者，実習担当教員の三者で構成される。実習指導者は，ソーシャルワーカーとしてクライエントへの援助を第一にしながら，後進育成として実習生であるあなたの実習指導を担う。実習担当教員は，実習生であるあなたの教育支援を第一に考えながら，事前学習から事後学習までを担う。実習生であるあなたは，実習教育のなかで，実習指導者や実習担当教員との実習スーパービジョン関係を構築する必要がある。この関係性の先には，クライエントがいることをあなたは決して忘れてはならない。

事前学習
→第2章参照

事中学習
→第3章参照

事後学習
→第4章参照

ソーシャルワークの基礎的な七つの力
→序章第3節参照

実習スーパービジョン関係
→第1章第3節参照

図1-1　実習教育の全体像

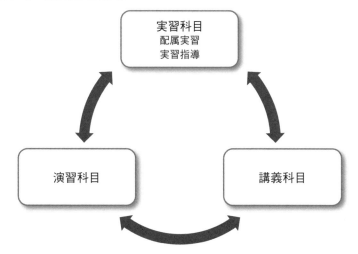

第1節　実習教育のしくみ

2　「わかる」から「できる」へ

「わかる」ことと「できる」ことはどのように違うのだろうか。「わかる」ことができれば，すぐに実践「できる」わけではないのだろうか。配属実習を始めるにあたってあなたは，専門職としての価値と態度・知識・技術をどのように理解し，できるようになりたいと考えているだろうか。

　相談援助実習のねらいの一つに，相談援助に係る知識と技術について，具体的かつ実際的に理解し実践的な技術等を体得することがある。実習では，これらの知識や技術を「わかる」だけでなく「できる」に変換することが求められている。つまり，「わかる」ことと「できる」ことには大きな隔たりがあり，「できる」ために受ける教育が実習教育といえる。

　たとえば，車の「運転ができる」ことから考えた場合，最初は，座学により自動車の構造などを学習する。その構造等を「わかり」，理解したうえで，自動車教習所の敷地内で，隣に教官を乗せて実際に運転を試みる。このときには，運転時に起こるさまざまな場面や現象を想定して，模擬的に練習する。つまり，演習を積み重ねる。その後，実際に一般道に出るが，そのときは人や車の動きなどを総合的にアセスメントしながら，教官の指導を受けつつ，その場にふさわしい運転を実践的に学ぶ。それらの経験を積み重ねて，運転ができるようになる。これが実習の段階といえる。運転免許を手にした後，最初は不安でいっぱいの運転であっただろうが，次第に不安も薄れ運転に自信も出てくる。これは，実践を積み重ねることによって，技術を体に叩き込んだ結果といえる。

　ソーシャルワークの技術も車の運転同様，練習を積み重ねることが必要である。ただし，車の「運転ができる」こととの大きな違いは，専門職としての価値と態度・知識・技術を伴うことである。ソーシャルワークの専門職としての価値に依拠して，価値と態度・知識・技術を統合したときに，専門職としての実践が「できる」ようになる。

　これらは，簡単に身につけられるものではなく，くりかえし練習することで，目の前のクライエントに対し援助できるようにな

相談援助実習のねらい
→序章第2節参照

る。そのため，演習科目は実習前後に位置づけられている。これは，演習科目で模擬的に実践したうえで実習に臨み，そこで新たな課題を見出したうえで，事後学習と関連づけながら演習に取り組むことにより，ソーシャルワークの基礎的な七つの力が身についてくることを意味している。

ソーシャルワークの価値に依拠した実践ができるための，第一歩としての実習の意味がここにある。実習では「わかる」から「できる」ようになるために，実習日誌や実習スーパービジョンをとおして，ソーシャルワークを言語化し伝達できる力が求められる。しかしながら，配属実習中に必ずしもすべてのことを「できる」ようになるとは限らない。その場合，配属実習先での体験を今までの学習と連動させながらふりかえり，自分自身のソーシャルワーカーになるための課題を見出すことが重要である。その課題を事後学習で再確認し，専門職として実践できるようになることをめざすのである。

ソーシャルワーカーは理論と実践を繰り返し循環させることによって成長していく。その循環の第一段階が実習といえる。実習で，「わかる」だけでなく「できる」ための方法を学ぶのである。

第2節 ソーシャルワーカーをめざす動機を説明できる

この節では，あなたがなぜソーシャルワーカーをめざすのか，その動機を説明できるようになることをめざしている。

1 ソーシャルワーカーをめざす動機を明確にする理由

ここでは，「ソーシャルワーカーをめざす動機」と「学ぶべきだと考えていること」の関係性を考えることから，ソーシャルワーカーをめざす動機を明確にする理由を考えていきたい。

おそらく，ソーシャルワーカーになりたいという動機やソーシャルワークを学ぶ動機は，人それぞれだろう。あなたは，過去に何かの経験があり，それを「きっかけ」として，ソーシャルワーカーをめざそうとしているのだろう。そこで，ある学生の「ソーシャルワーカーの志望動機書」を参考にしながら，「ソーシャルワーカーをめざす動機」と「学ぶべきだと考えていること」の二つの関係性を考えていきたい。

私が，高校生のとき，やさしかった祖母が亡くなりました。祖母は，認知症になり，共働きだった両親は，祖母の世話でとても大変でした。しかし，私はそのとき何をしていいのかわからず，何もできませんでした。そのときに，両親が相談していたのが高齢者施設の職員さんでした。私も高齢者施設の職員さんのように家族が相談できる人になりたいと思い，この大学に入学しました。

入学のときは，漠然と高齢者分野で働きたいと考えていました。しかし，入学後勉強するなかで，相談の役割を担うためには，専門的な知識や援助技術，援助の考え方を身につける必要があることがわかってきました。どこまでできるか

> わかりませんが，社会福祉の知識や技術を身につけて高齢者福祉の現場で活躍できるソーシャルワーカーになりたいと思っています。

　この学生が書いた「ソーシャルワーカーの志望動機書」の前半は，ソーシャルワーカーをめざそうとした「きっかけ」が書かれている。これが，「ソーシャルワーカーをめざす動機」の部分である。後半は，社会福祉士養成校（以下，養成校）に入学後，社会福祉について学ぶなかで，ソーシャルワーカーになるためには専門的な知識，技術や考え方を身につける必要がある，ということに気づいたことが書かれている。

　この学生は，「ソーシャルワーカーをめざす動機」としての「きっかけ」から，その動機を実現させていくためには「ソーシャルワーク」について学ぶ必要があるということに気づいた。学ばなければ，「援助」はできないということに気づき，専門的な知識，技術や価値が必要になることを学んだ。それは，入学して講義・演習を通して考えたからにほかならない。

　しかし，「ソーシャルワーカーをめざす動機」が，この学生のように明確ではないという人もいるだろう。または，国家資格としての「社会福祉士資格の取得」が動機であって，ソーシャルワーカーになるイメージがつかめていない人もいるだろう。だが，たくさんある職業，資格のなかから「社会福祉士」を選択したのはなぜだろうか。なぜ，自分は「社会福祉士資格の取得」をめざしたいと考えたのか，その動機を自らに問い，それを言語化することで，「私」が「ソーシャルワーカーをめざす動機」をより明確にしていきたい。

　私が考える「ソーシャルワーカーをめざす動機」によって「学ぶべきだと考えること」は異なってくる。その関係性は，「ソーシャルワーカーをめざす動機」を基盤として相互に影響し合う関係性だということである。もし，「ソーシャルワーカーをめざす動機」が具体的でなければ，「学ぶべきだと考えること」も具体的にはならないだろう。その場合，社会福祉施設で働く人々の話を聞くことや講義・演習などを通して「ソーシャルワーク」について学び，イメージできるようにして，私の「ソーシャルワーカーをめ

ざす動機」を考えることで，自分が「学ぶべきだと考えること」にも変化が生まれるであろう。

　この学生の「ソーシャルワーカーをめざす動機」にも，さらに明確にすべきところがいくつかある。一つ目には，この学生が，こうなりたいと思った「家族が相談できる人」とは，どのような仕事をする人なのか，どのような役割を担う人材なのか，より明確にすることである。それを明確にするためには，最後に書かれている，「ソーシャルワーカー」について，その役割や仕事内容を具体的に理解することが必要になるであろう。二つ目には，その役割を担う専門職になるためには，どのような専門性や実践力を身につけなくてはならないのか，何を学ばなければならないのかを明確にすることである。

　このような点が，この学生の「ソーシャルワーカーをめざす動機」に関する今後の課題になる。これから「ソーシャルワークの実習」を進めていくうえで，この「ソーシャルワーカーをめざす動機」を明確にすることが，「学ぶべきだと考えること」を具体的にするという関係性を理解して学習に取り組むことが，実習に臨む姿勢をつくっていくと考えるのである。

2 ソーシャルワーカーをめざす動機の整理と確認

(1) 私のソーシャルワーカーをめざす動機を，言語化し確認してみよう

　表1-1は，ソーシャルワーカーをめざす「私の動機」を，言語化し整理するためのツールである。この表に沿って，今の「私の動機」を書いてみよう。

① 私は，どのようなことに取り組みたいのか

　たとえば，「認知症の高齢者や家族に対する相談援助の仕事」「病院に入院している患者さんからの相談に対応する仕事」など，自分がイメージしている実践の中身をできるだけ具体的に言葉で表わしてみよう。自分のもっているイメージを言葉や文字にできない場合，さらに「講義を聞く」「文献を読む」「映像を見る」などによりソーシャルワークについてのイメージを具

表1-1　ソーシャルワーカーをめざす「私の動機」

	内　容
① 私は，どのようなことに取り組みたいのか	
② 私が，それに取り組みたい理由	
③ 私は，それをどのように達成しようとしているのか	

体的にする努力が必要になる。自分の今の考えを言葉で書いてみよう。

② 私が，それに取り組みたい理由

　たとえば，「過去にこういう経験があり，それから，こうしたいと思うようになった」というような「きっかけ」を，具体的に書いてみよう。また，私がその実践をすることで，どのような変化を生みだしたいのか，を書いてみよう。

③ 私は，それをどのように達成しようとしているのか

　たとえば，「養成校の講義・演習・実習のカリキュラムを通して」，それに加えて「ボランティア活動をする」「福祉施設でアルバイトする」など，どのような場面で学ぼうとしているのかを書いてみよう。

　表1-2は，ソーシャルワーカーをめざす「私」が「学ぶべきだと考えること」を言語化し整理するためのツールである。

表1-2　ソーシャルワーカーをめざす「私」が学ぶべきだと考えること

	内　容
① 私は，何を学ぶべきだと考えているのか	
② 私が，それを学ぶべきだと考える理由	
③ 私は，どのように学ぶべきだと考えているのか	

① 私は,何を学ぶべきだと考えているのか
　　たとえば,「社会福祉の法・制度」「障害特性」「面接技術」「多職種連携の方法」など,思いつくことを具体的に書いてみよう。
② 私が,それを学ぶべきだと考える理由
　　たとえば,「利用者を支援するためには,法律や制度を理解している必要がある」「障害者を支援するためには,障害の特性を理解する必要がある」などである。
③ 私は,どのように学ぶべきだと考えているのか
　　たとえば,「講義を聞いて」「文献を読んで」「現場に行って高齢者と接する」などである。

表1-3は,表1-1「ソーシャルワーカーをめざす動機」の内容と表1-2「学ぶべきだと考えること」の内容に書いた内容を関連づけてみるためのツールである。

おそらく,「ソーシャルワーカーになる動機」の内容がより具体的で明確な人ほど「学ぶべきだと考えること」の内容も具体的で明確だったのではないだろうか。つまり,自分のなかの「ソーシャルワーカーをめざす動機」の内容と「学ぶべきだと考えること」の内容は相互に関連しているということである。このワークシートに整理することで,そのことを経験的に理解することができたのではないだろうか。

この関係は,ソーシャルワークの価値と態度・知識・技術の関

表1-3 「ソーシャルワーカーをめざす動機」の内容と「学ぶべきだと考えること」の内容の関係性

		ソーシャルワーカーをめざす動機の内容	学ぶべきだと考えることの内容
①	何を	私は,どのようなことに取り組みたいのか	私は,何を学ぶべきだと考えているのか
②	なぜ	私が,それに取り組みたい理由	私が,それを学ぶべきだと考える理由
③	どのように	私は,それをどのように達成しようとしているのか	私は,どのように学ぶべきだと考えているのか

係と同じであることがわかるであろう。「ソーシャルワーカーをめざす動機」は，生活環境のなかでの「過去」の経験から生まれる。その「動機」には，私が形成してきた価値観が大きく反映されている。その私の価値観が，将来に向けた「学ぶべきだと考えること」を規定している。その動機を生み出す価値観が，私の学ぶべき態度，知識，技術を規定することになるのである。

しかし，「ソーシャルワーカーをめざす動機」は，さまざまな講義・演習を通して学んでいくなかで深まっていく。その変化は，「動機」が単独で変化するのではなく，「学ぶべきだと考えること」と「私が学んだこと」と相互に関係しながら変化し，より明確に言語化できるようになっていくのである。だが，その基盤は「ソーシャルワーカーをめざす動機」にあるので，「ソーシャルワークの実習」に向けて一層「ソーシャルワーカーをめざす動機」を明確にすることが必要になるのである。

このことは，ソーシャルワーカーになった後も同様である。「こういう実践がしたいという動機」をもつ人ほど「学ぶべきだと考えること」も明確になる。それが，実践力の高いソーシャルワーカーに成長すること＝「学び続ける」ことを可能にするのである。

「学び続ける」こと
→第4章第3節参照

「ソーシャルワークの実習」は，実習生と養成校の実習担当教員，実習施設の実習指導者との「実習の三者関係」により，実習の成果を生み出している。その成果に最も影響を与えるのが，実習生の姿勢の基盤になる「ソーシャルワーカーをめざす動機」になる。その動機が，明確に説明できた人は，それを実現する方向に向けてさらに学習を重ねていこう。一方で，その「動機」が，明確に説明できなかった人は，もう一度このテキストの「序章」に戻ってソーシャルワークに関する学習を繰り返し行ってみよう。

実習の三者関係
→第1章第3節参照

(2) 自分の「今」を自己評価してみよう

実習教育では，社会福祉施設やそこで暮らす人々のイメージをもつために「現場体験」や「見学実習」を設定している。そこでの体験をイメージしながら自己評価を行ってみよう。また，ボランティア等での体験をイメージしながら自己評価することもできるだろう。

表1-4 自己評価

		項目	評価
基本姿勢	A	あいさつができる（人間関係の形成を意図して）	
	B	身だしなみを整える（仕事をするうえで適切な）	
	C	報告・連絡・相談ができる	
学習姿勢	D	積極的に他者にかかわることができる	
	E	自身の実習に向けての課題を見出すことができる	
	F	実習施設を選ぶための情報収集を行うことができる	
	G	何のために実習を行うのか明確にできる	
	H	ソーシャルワークの専門性（価値と態度，知識，技術）を身につけようとしている	
	I	ソーシャルワークの実習の目的・内容を理解しようとしている	
	J	ソーシャルワークの実習を将来の進路に必要と考え学習しようとしている	

＊評価項目ができたら印をつけよう。

　そこでの「体験」とそのときの姿勢をイメージして自己評価を行ってみることで，実習で学ぶ課題を明確にしていこう。表1-4は，自己評価の一例である。

　自己評価は，その結果に一喜一憂するのではなく，その結果になった背景・理由を考察することに意味がある。「あいさつ」や「積極的に他者にかかわる」という言動は，その人の姿勢をとくに表す。自己評価した姿勢の結果から，その背景・理由を，「ソーシャルワーカーをめざす動機」と関連づけて考えてみよう。さらに，自らの学習姿勢について「ソーシャルワークを学ぶ動機」と関連づけてふりかえってみよう。また，ここで評価した内容を，講義科目や演習科目に臨む姿勢と関連づけてとらえてみよう。

　自分で自分の姿勢を認識し，その背景・理由を考察することが，「自らの実践をふりかえる力」を高めることであり，自分自身のソーシャルワークの価値と態度，知識，技術の変化を生み出すことになるであろう。

第1章　第2節のチェックポイント

- あなたが達成できた項目にチェックを入れよう。
- 達成できた・できなかった理由を説明してみよう。
- チェックポイントの内容が理解できない場合は，該当の本文を再度読んで理解しよう。

....

【本節での到達目標】
ソーシャルワーカーをめざす動機を説明できる

☐① 自分が考えるソーシャルワーカーのイメージを説明できる。

☐② ソーシャルワークの枠組み・視点を説明できる。

☐③ ソーシャルワーカーになるための講義科目・演習科目・実習の関係を説明できる。

☐④ ソーシャルワーカーをめざす動機を他者に説明できる。

第3節 配属実習の目標としくみを理解し、実習動機を説明できる

> ソーシャルワーカーになるために「福祉現場」において「実習」することは、講義・演習科目で学んだことを、「わかる」から「できる」ようになるためである。そのために、この節では、実習の準備段階として「配属実習の目標と仕組みを理解し、実習動機が説明できる」ようになることをめざしている。この節では、基本的に配属実習に関して説明することとする。

1 配属実習の目標

序章で述べたように、「ソーシャルワークの実習」では、ソーシャルワークの基礎的な七つの力をつけていくため、配属実習に臨むことになる。厚生労働省によるシラバスや社養協によるガイドラインのなかで社会福祉士になるための相談援助実習の目標と実習内容が示されており、これが配属実習における基本的な到達目標といえる。あなたは配属実習において、この基本的な到達目標を設定しつつ、事後学習などを通じてソーシャルワークの基礎的な七つの力の習得をめざしていこう。

配属実習では、利用者がよりその人らしい生活を送るための「支援計画書の作成」ができることを具体的な到達目標の一つとしている。もちろん、さまざまな支援計画書の作成にはプロセスがあり、支援計画書の作成から学ぶことは多岐にわたる。あなたは相談援助に係る実践的な技術として、「援助関係の形成」「アセスメント」「支援計画書の作成」などを学ぶことになるだろう。市町村社会福祉協議会などでの配属実習では、実習の内容が異なることもあるが、配属実習における具体的な到達目標として、支援計画書の作成とそのプロセスの理解は共通の課題となるであろう。

ガイドライン
→巻末資料参照

2 配属実習のしくみの理解

(1) 実習関係の形成

❶ 配属実習の要件

　配属実習はどこでもできるわけではなく，実習施設種別や実習指導者要件が定められている。

　配属実習時間は180時間以上行うことが要件となっており，相談援助業務の一連の過程を網羅的かつ集中的に学習できるよう，一つの実習施設・機関において120時間以上行うことを基本とされている。

　実習指導者には，社会福祉士取得後に厚生労働大臣が定める施設・機関において，相談援助業務に3年以上従事した経験を有する者であって，社会福祉士実習指導者講習会の課程を修了していることが求められる。これは，「専門職が専門職を育てる」ことで，高い実践力をもった人材を養成しようと意図しているのである。

❷ 実習の三者関係

　各養成校は，それぞれの教育理念をもって，また社会的要請に応じてソーシャルワーカーを養成している。その実際の教育にあたるのが実習担当教員である。養成校は実習施設を実習指定施設とし，実習施設は実習生を指導するための要件を満たし，実習生の配属実習が可能となる。実習施設の現場において，実習生を指導するのが実習指導者である。養成校と実習施設は，契約を取り結び，配属実習を行う場とそれぞれの役割が設定されるのである。

　配属実習は，①実習生，②養成校（実習担当教員），③実習先（実習指導者，利用者）の三者の関係のなかで展開していく。講義・演習科目で学んだことを，「わかる」から「できる」ようになるために，実習生，養成校，実習施設がそれぞれ役割をもち実習関係を形成している。

　配属実習中は実習指導者に実習生の指導の主な責任がある。しかし，同時に実習指導者は，利用者の最善の利益と権利を擁護する責任を負っている。一方，養成校の実習担当教員は実習生が目標を達成できるよう，事前学習から事後学習を通して教育する責

任を負う。では，この三者の関係において，実習生にはどのような役割があるのだろう。

実習生の役割は，実習に取り組む姿勢をもつことである。自分の実習動機を明確にして，実習の到達目標を設定・理解して，それを達成するため積極的に努力することである。さらに，実習施設において守らなければならないルールに従うことである。就業時間に従う，実習指導者の指導に従う，守秘義務を遵守するなどがある。

このように配属実習は，三者それぞれが役割を担いながら関係していくことになる。あなたの実習生としての姿勢が，実習関係に基づく実習の成果を左右することとなる。

❸ 実習契約

実習が円滑で安全に行われるために，実習契約の締結が必要となる。実習に関する「契約書」「合意書」「誓約書」は，実習生，実習施設，養成校の三者の関係を，明確な契約関係として文書化したものである（図1-2）。

「契約書」は，「相談援助実習委託契約書」のことで，養成校と実習施設がとりかわすものである。養成校は，本来養成校が行うべき事柄を実習施設に「委託」し代行してもらうということなので，実習の最終責任はあくまで養成校側にある。

実習契約書の内容を例示すれば，(1)実習の委託，(2)実習の内容，

図1-2　実習契約の三者関係

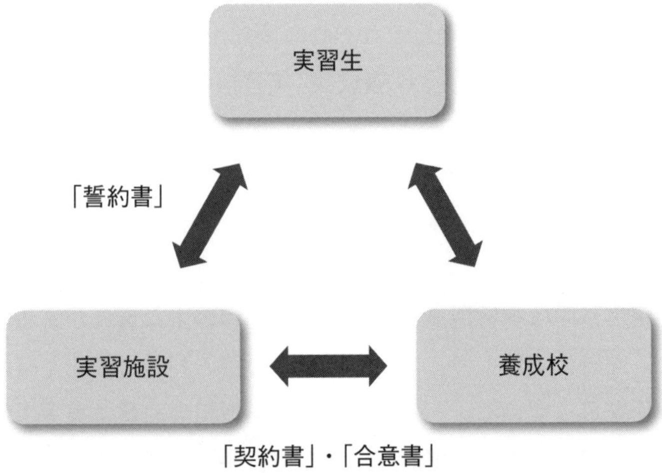

(3)実習教育と実習に関する合意書,(4)連絡と協力,(5)事故の責任,(6)緊急時の対応,(7)利用者への説明責任,(8)実習生の権利,(9)実習生の義務,(10)実習指導料,(11)実習フィードバックシステム,(12)契約の解除,変更等である。

「合意書」は,「相談援助実習にかかる教育と指導に関する合意書」のことで,実習契約に付随して養成校による教育責任と,実習施設の指導責任とを具体的に示すものである。

「誓約書」は,あなたが実習契約書の「実習生の義務」に基づき,実習施設と直接とりかわすものである。この誓約書で,①守秘義務,②勤務に準ずること,③実習指導者の指示に従うことの3点について誓約する。

配属実習中に知り得た利用者の個人情報について,実習期間中はもとより実習終了後も守秘することを誓約する。「ソーシャルワーカーの倫理綱領」では,「利用者に対する倫理責任」が明記されている。また,2003年に施行された「個人情報の保護に関する法律」では,個人情報の適切な取り扱いについて事業者の遵守すべき義務を定めている。あなたは実習施設の職員と同様に,利用者の個人情報を取り扱うものとして位置づけられるため,責任ある立場にあることを自覚しよう。

実習中に知り得た情報を,外で話すことはもちろん,家族や友人に話すことは慎まなければならない。不用意にSNSなどを介しての発信をしてはならないことはいうまでもない。法律の定めにかかわらず個人情報の取り扱いを適切に行えることは,ソーシャルワーカーとしての基本なのである。

(2) 3段階構造の実習プログラム

この3段階構造に基づく実習プログラムのプロセスを理解することで,配属実習における目標達成の道すじがみえるようになるであろう。配属実習の限られた期間で,実習生が成果を高めるために設定されているのが三段階の実習の流れである(図1-3)。

❶ 職場実習

職場実習とは,人々の生活を支援する実習施設・機関がどのような地域社会において,何を目的に設置され,どのような体制で

相談援助にかかる教育と指導に関する合意書
相談援助実習の教育と指導において実習関係三者が,それぞれめざすべき最低基準と責務を明らかにしたものであり,それぞれの責務が果たせない場合は,実習を中止する措置も明文化されている。

ソーシャルワーカーの倫理綱領
→巻末資料参照

個人情報の保護に関する法律
→科目「相談援助の基盤と専門職」「福祉サービスの組織と経営」の学習内容

SNSなど
ソーシャル・ネットワーキング・サービスは,FacebookやTwitterなどを用いネットワークを通じて,だれもが簡単に世界中に情報を発信でき,それは,不特定多数の人々が目にする可能性がある。

図1-3 実習プログラムの枠組み

【①職場実習】 （おおむね5日間）	【②職種実習】 （おおむね3日間）	【③ソーシャルワーク実習】 （おおむね15日間）
・職場のミッション ・援助方針 ・機関施設の運営管理（年次目標，事業計画，予算，役職員組織，研修体系，利用者権利擁護など） ・全職種の役割とそれらからの「利用者理解」把握と専門職同士の相互理解 ・職場内異職種連携（チームアプローチ）の理解 ・カンファレンス ・地域・地域資源の理解とその連携のありかた　等	・生活相談員，専門員，○○福祉司の担当する業務全般（例えば，修理，運転，書類管理，電話応対，見学受入・説明，起案等事務手続き等） ・同席，同行，説明 ・タイムスタディ　等	・ニーズ把握のための手立・調査 ・相談面接，アセスメント ・カンファレンス，個別援助計画作成 ・説明，契約 ・サービスの調整 ・家族・職場・学校等との連絡調整 ・援助実施，モニタリング，評価 ・苦情処理，財産管理，第三者評価 ・運営管理，職員研修 ・政策立案，代弁，ソーシャルアクション ・事業計画や地域福祉計画への参画 ・非制度的資源の開発・調整 ・記録，事例研究 ・専門職団体活動，自己研鑽　等

①職場実習　　②職種実習　　③ソーシャルワーク実習

※厳密なステップというよりも緩やかに比重移行，場合によっては前段階に戻ることも。
出典：公益社団法人日本社会福祉士会編集『社会福祉士実習指導者テキスト第2版』中央法規出版，2014年，p.147

援助がなされているのかを理解する段階である。対象となる人々の生活の場や環境を理解することなしにはその先には進めない。ソーシャルワークが発揮される人々の生活の場とその環境について学ぶことが求められる。また，それまでにあなたが取り組んできた講義・演習科目などの学習成果を確認する段階でもある。

❷ 職種実習

職種実習とは，ソーシャルワーカーが職種として担っている役割を理解する段階である。ソーシャルワーカー（実習指導者）が現場で働くうえで担う業務から，その役割を学ぶ。実習施設によってその職種名（生活相談員など）は異なり，担う業務も多様である。業務のなかには，一見，ソーシャルワークと結びついているとは思えないと感じる業務があるかもしれない。その多くの業務が，人々の生活を支援するうえで，利用者の細かなニーズを把握するのに欠くことのできない業務である。

「職場実習」において理解した利用者の生活を支援する体制のなかで，ソーシャルワーカー（実習指導者）が担う役割を理解する段階である。

❸ ソーシャルワーク実習

ソーシャルワーク実習とは，利用者と環境との関係をアセスメントして，支援計画の作成に向けた取り組みを実践してみる段階である。「職場実習」と「職種実習」は，「理解する」ことに主眼があるが，ソーシャルワーク実習では，実際にソーシャルワークのプロセスを「試行する」ことに主眼がある。「職場実習」と「職種実習」で学んだことを統合して「ソーシャルワーク」にしていく段階である。

この三つの段階を理解し実習に臨むことによって，実習での目標達成の道すじがはっきりと見えるようになるであろう。

（3）実習スーパービジョン

配属実習中，あなたがソーシャルワーカーとして力をつける最も重要なプロセス・方法が，今から述べるスーパービジョンである。あなたの実習のプロセスを支え，実践できるようになるために，実習スーパービジョンの理解は欠かせないことである。

スーパービジョン
→科目「相談援助の理論と方法」の学習内容

❶ 実習スーパービジョンの目的

配属実習では，実習施設の指導者と実習担当教員があなたの位置と，目標としているゴール地点を見渡し，スーパービジョンを通してゴールに向かって進んでいくための気づきを促していく。実習スーパービジョンの目的は，実習生の気づき，成長を支えることともう一つはスーパーバイジーであるあなたがクライエント（利用者）に対し，よりよい援助ができるようになることである。

スーパーバイジー
→科目「相談援助の理論と方法」の学習内容

❷ 配属実習における実習スーパービジョン

実習指導者は事前訪問と配属実習中に，実習担当教員は巡回指導や帰校日指導において，実習生に実習スーパービジョンを行う。このことを二重のスーパービジョンという。実習スーパービジョ

ンにおける実習指導者の役割は，配属実習中での実習生の学びを支持・指導・管理することである。一方で，実習担当教員の役割は，養成校での学びと実習体験を結びつけることである(図1-4)。

このような実習スーパービジョンが効果的になるためには，実習生がスーパーバイジーの役割を遂行する必要がある。業務が忙しいなかスーパーバイザーが時間を作ってくれても，何の質問や気づきもなかったり，自分自身の思いをスーパーバイザーに伝えることができないと，スーパービジョンは効力を発揮しない。あなたは自分自身の未熟さに直面することや，見たくない部分への直視を求められることがあるかもしれない。

しかし，実習スーパービジョンは，決して叱られるわけでも悪いところを責められるわけでもない。あくまでも実習生の気づきを促し，ソーシャルワーカーになるための力量を高めることが目的である。スーパーバイジーには，スーパーバイザーとの信頼関係を深め，素直かつ率直に思いを表現することが求められる。スーパーバイジーには，スーパーバイザーの助言や指導を謙虚に受け止める姿勢も求められる。

実習生，実習指導者，実習担当教員が，それぞれ実習スーパービジョンの役割を担うことで，あなたは「自らの実践をふりかえる力」をはじめソーシャルワークの基礎的な七つの力を身につけることができるようになるであろう。

❸ 実習スーパービジョンの流れ

配属実習開始前の事前訪問で，実習生と実習指導者との実習

図1-4 二重の実習スーパービジョン

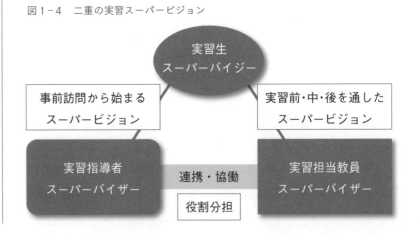

スーパービジョン関係が始まる。そこでは実習スーパービジョンの理解度を問われ，また実習目的や事前学習について尋ねられる。あなたは答えるための準備をしたうえで，実習指導者へ自分の言葉で伝える必要がある。そうすることで，自身の考える実習課題に対して必要な事前の指導が受けられる。また，実習スーパービジョンの機会とその頻度を確認し，配属実習での学びのイメージをつかもう。

　実習スーパービジョンには，事前の準備（実習日誌を読み返す，実習体験をふりかえる，自己評価をしておく等）が必要である。さらに，定期的な実習スーパービジョンのほかに，必要性を感じたら，実習生が自ら実習スーパービジョンの設定を申し出てもよいだろう。可能な範囲で実習指導者はその機会を設けてくれるはずである。

(4) 実習評価のしくみ

　実習の評価は，配属実習の評価と配属実習と実習指導の評価および実習生による自己評価がある。配属実習の評価は，実習生の実習内容に対して実習指導者が行う評価である。配属実習と実習指導の評価は，実習担当教員が配属実習での実習指導者の評価も含め総合的に評価を行う。

❶ 配属実習の評価

　配属実習の評価とは，配属実習が終了した際，総括的な評価として実習評価表に実習指導者が記入するものである。実習生が配属実習において，実習評価表に挙げられている評価項目を身につけることができたかどうかを実習指導者が判断する。

❷ 配属実習と実習指導の評価

　配属実習と実習指導の評価は，実習指導者による配属実習の評価を踏まえ，実習指導と配属実習を通した実習生の言動や取り組みを，ソーシャルワークの価値と態度・知識・技術という観点から総括的に評価することになる。つまり，実習前から実習後までの，一連の流れを通じた実習指導・配属実習における学びの到達度，達成度を総合的にとりまとめ評価を行う。

❸ 実習生による自己評価

　実習生による評価は、実習内容から自分自身を評価するものであり、事前学習から事後学習を通して行う。実習生自身による自己評価は、実習担当教員と実習指導者によるスーパービジョンに用いられ、実習体験をふりかえることで「自らの実践をふりかえる力」を養うという意味もある。

　実習評価は、評価結果そのものよりは、その結果を参考にしながら実習生の実践力や今後の課題を明らかにすることが重要である。実習評価がその目的を達成するためには実習生、実習指導者、実習担当教員の三者で実習評価のしくみを共有すべきである。とくに、実習生自身が、配属実習の目標としくみを理解する必要があるだろう。

自らの実践をふりかえる力
→序章第3節 [2] 参照

第1章　第3節のチェックポイント

- あなたが達成できた項目にチェックを入れよう。
- 達成できた・できなかった理由を説明してみよう。
- チェックポイントの内容が理解できない場合は，該当の本文を再度読んで理解しよう。

【本節での到達目標】
配属実習の目標としくみを理解し，実習動機を説明できる。

☐1 ソーシャルワークの基礎的な七つの力を説明できる。

☐2 実習の三者関係を説明できる。

☐3 スーパーバイジーとして求められる取り組みを説明できる。

☐4 配属実習のしくみを説明できる。

☐5 実習評価のしくみを説明できる。

第2章

事前学習

第1節　事前学習の目標と学び方

第2節　地域社会や実習施設に関する調べ学習の成果を
　　　　実習指導者へ説明できる

第3節　実習計画を実習指導者へ説明できる
　　　　（事前訪問段階）

第1節 事前学習の目標と学び方

　第1章第1節で学習したように，配属実習は，これまでの講義科目・演習科目で学んできた価値と態度・知識・技術が「わかる」から「できる」ようになることをめざしている。配属実習で見たり聞いたりすることが，「なぜ，そうなるのか」「なぜ，そうするのか」，そのようになる背景や理由などがわからなければ，配属実習は単なる見学に終わり，「わかる」から「できる」にはならない。また，配属実習で体験できたことが，ソーシャルワークの価値と態度・知識・技術と，どのように関連しているのか，わかることができなければ，体験は単なる経験にすぎず，ソーシャルワークの基礎的な七つの力を高め，ソーシャルワークの実践現場で活用していくことはできないだろう。

　では，どのようなプロセスで，学習を進めていくとよいのだろうか。図2-1は，実習の学習プロセスを表したものである。

　第1章第2節で，ソーシャルワーカーをめざす動機の明確化ができたことだろう。その次のプロセスは，事前学習である。事前学習では，「地域社会の理解」「実習施設の理解」「実習プログラ

ソーシャルワークの基礎的な七つの力
→序章第3節参照

実習プログラム
→第2章第3節①参照

図2-1　実習の学習プロセス

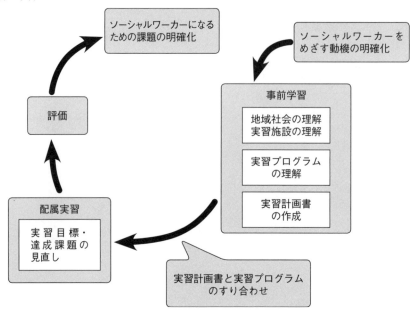

ムの理解」「実習計画書の作成」に取り組む。次に，立案した実習計画書と実習プログラムとをすり合わせ，いよいよ配属実習を行う。実習計画書は，配属実習中においても，実習目標や達成課題の達成度などをふりかえり，実習目標や達成課題の見直しを行う。配属実習後には，評価を行い，最終的には，ソーシャルワーカーになるための課題の明確化を行う。

配属実習という限られた時間のなかで，ソーシャルワークを「わかる」から「できる」に変えて，ソーシャルワークの基礎的な七つの力を高めるためには，どのような学習をしておくとよいだろうか。配属実習にあたり，少なくとも次の①②について学習しておこう。

▶ 事前学習の目標と内容
① 配属実習で，人々と環境の交互作用を理解できるようになるために，「地域社会の概況」「人々の暮らし」「地域社会の社会資源」「実習施設の概要」を知る。
② 配属実習で，ソーシャルワークがどのような枠組みのなかで，誰の（何の）ために行われているのかを理解できるようになるために，「実習施設の概要」「実習施設を利用する人々」「実習施設の職員」を知る。

次の節では，事前学習の具体的な取り組み方法，学習するうえでのポイントについて解説する。

実習計画書
→第2章第3節② 参照

評価
→第1章第3節参照

交互作用
→序章第2節参照

第2節 地域社会や実習施設に関する調べ学習の成果を実習指導者へ説明できる

この節では,事前学習のポイントや学習方法について,具体的に解説していく。

1 地域社会の理解

(1) 地域社会を理解するポイント

　居所がどこであれ,クライエントは地域社会のなかで「暮らす人」であり,同時に「社会福祉サービスを利用する人」という二つの立場をもつ。人々と環境の交互作用に着目し配属実習で学ぶのであれば,ミクロからメゾ,マクロレベルにわたって人々の生活をとらえていくことが求められる。

　たとえば,地域社会を理解することは,ミクロレベルではクライエントの地域社会のなかでの暮らしを知ることにつながり,メゾレベルでは,実習施設が地域社会から求められている役割や機能の理解につながるだろう。また,地域の福祉ニーズを知ることは,その地域社会がもつ力を活用した支援システムづくりやまちづくりのあり方を考えることにつながる,重要な事前学習の取り組みになる。

(2) 地域社会の概況を理解しよう

　地域社会の概況については,まず,その地域における産業や地理的条件を調べてみよう。

　産業については,現在だけではなく,これまでの歴史・文化的な経緯も含め,どのように変わってきたかを理解することが求められる。たとえば,地場産業で栄え今もその歴史を受け継いでいるのか,高度経済成長期に集団就職で多くの人々が移り住んでき

ミクロ・メゾ・マクロソーシャルワーク
→科目「相談援助の理論と方法」の学習内容

集団就職
農山漁村の未就業の若者による都市部への大規模な就職運動。日本の高度経済成長期に盛んに行われた。

たのか，その地域の産業を知ることは人々の暮らしとその歴史を知る手がかりとなる。

さらには山や海，河川など自然が多いか，ビルなどが立ち並ぶ都会なのか，交通機関はどうなっているのかなど，地域の地理的条件によっても人々の生活様式は異なるだろう。

産業・地理的条件については，既存資料から調べるだけでなく，実際に自分の目でその地域を確かめることも有効な方法の一つである。

産業・地理的条件

同じ人口規模のまちであっても，人口が増加して今の数値なのか，逆に漸減しているのか，あわせて年齢層ごとの推移や将来推計を把握することも，人々の暮らしを概観することにつながる。

世帯類型についても，たとえば，出生率や高齢化率とあわせ見ることで，その地域社会の福祉問題が見えてくるかもしれない。出産世代の核家族世帯が多いのであれば，孫の面倒を見てくれる祖父母が近くにおらず，子育てに苦労しているかもしれない。同じ高齢化率でも，独居高齢者が多い地域と三世代世帯が多い地域とでは，家族介護力への期待度は異なるであろうし，軽度の要介護高齢者が多いのか重度者が多いのかでも，その地域が抱える介護問題は大きく異なる。手帳を保持する障害者の人口比や生活保護率なども，地域の福祉問題を的確に把握するために欠かせない情報といえるだろう。

これらは，自治体が公開している基礎資料を参考にして情報を得る。これらの調べ学習に取り組む際には，他の地域と比較することで，特徴や問題などがわかるかもしれない。こうした概況を人々の暮らしに結びつけ理解することで，地域社会の福祉課題の把握，地域の特性を活かしたサービス提供や事業の開発などの必要性を考えることができる。

人口構造・世帯類型の特徴

```
[                                    ]
```

出生率・高齢化率等の特徴

```
[                                    ]
```

その他，事前学習にあたって必要と考える地域社会の情報

```
[                                    ]
```

（3）人々の暮らしを理解しよう

　地域に暮らす人々は昔から住んでいる人たちだろうか，もしくは他の地域から移り住んできた人たちだろうか。高齢化率や世帯類型，人口の増減を見ることで，その地域社会の特徴や福祉問題について考えてみよう。そのことは自治会などの組織の仕組みやソーシャルキャピタルなど近隣住民どうしの関係性などにも影響する。

　そして商店や交通機関，公共施設などの状況も，そこに住む人たちの暮らしと関係がある。たとえば，買い物をするには遠くの店へ交通量の多い道路を通らないといけない場合と，歩いて3分ほどの距離で車もほとんど通らないところにある店に行く場合とでは，想定される生活のしづらさが異なる。生活上の同じ目的を達成するにしてもそこに暮らす人の生活問題は同じではないことはわかるだろう。あなたの実習施設のある地域社会ではどうだろうか。

　地域行事や風習などからも，それを行う背景や理由，地域の人々のつながり，地域の人々の暮らしのなかで大切にしているものな

ソーシャルキャピタル
→科目「地域福祉の理論と方法」の学習内容

どが見えてくるかもしれない。

　こうして人々の暮らしについて見てみると，先に数値を見ただけではわからなかった地域社会の特徴や福祉問題が見えてくるかもしれない。

人々はどのような暮らしをしているだろうか。歴史・文化的特徴も踏まえ考えてみよう。

```
┌─────────────────────────────────────────────┐
│                                             │
│                                             │
│                                             │
└─────────────────────────────────────────────┘
```

人々のつながりはどのようなところに見られるだろうか。

```
┌─────────────────────────────────────────────┐
│                                             │
│                                             │
│                                             │
└─────────────────────────────────────────────┘
```

各種の福祉計画等から見た人々の暮らしの特徴

```
┌─────────────────────────────────────────────┐
│                                             │
│                                             │
│                                             │
└─────────────────────────────────────────────┘
```

福祉計画
→科目「福祉行財政と福祉計画」の学習内容

（4）地域社会の社会資源を理解しよう

　社会資源にはどのようなものが考えられるだろうか。公園や公民館などの公共施設，医療や福祉などの支援機関，教育機関，サークル活動，自治会や町内会などの組織，ほかにも近所の人々やボランティア団体，交通機関や商店街なども社会資源ととらえることができる。

　こうした社会資源について，その数だけを調べるのではなく，高齢者や障害者の人口と社会福祉施設の数を比較することや，福祉計画に記された福祉サービスの見込み量，今後の社会福祉施設の設置目標を知ることで，地域の福祉問題を読みとることができる。さらに周辺地域の実態や，全国平均などとの比較をしてみることで，地域の特徴と今後の課題がより浮き彫りになるだろう。

どのような社会資源があるだろう。求められる社会資源は何だろう。

福祉計画から見る社会資源の動向

2 実習施設の理解

(1) 実習施設を理解するポイント

　実習施設に関する調べ学習においては、二つの視点——法定内施設としての実習施設の種別を理解する視点、地域社会のなかでの位置づけや沿革を含む実習施設そのものの特徴を理解する視点——をもって取り組むことが求められる。

　いずれも現状の理解にとどまらず、法的に位置づけられた歴史的背景や、実習施設が開設された当時の社会的背景など、実習施設をより詳しく知ることで、そこでのソーシャルワークがどのように展開されているかを学ぶことができるだろう。

　実習施設の制度上・地域社会のなかでの位置づけから、地域社会の人々の暮らしにおいて実習施設が果たしている役割を考えてほしい。

(2) 実習施設の概要を理解しよう

　実習施設の概要を学ぶということは、どのような枠組みのなかで、誰の（何の）ためにソーシャルワークを行うのかを理解することである。ここでは、先に示した二つの視点から学ぶために、次のワークに取り組んでみよう。

まず，実習施設の「種別」と，その種別を規定する根拠となる法律は何だろうか。実習施設「種別」を規定する法律と，そこで提供されるサービス等を規定する法律が必ずしも同じでないことに気をつけて，それぞれを分けて説明できるまでの理解が求められる。たとえば，「特別養護老人ホーム」の法的基盤は老人福祉法のなかにあるが，そこで提供される施設サービスの多くは，介護老人福祉施設としての介護保険法に規定されている，といった場合である。また，ただ法律名称を知るだけでなく，どのような社会的要請でその法律が制定されたのか，当時の社会的背景も調べておこう。運営法人や実習施設の沿革からは，運営理念や方針につながる社会的背景や地域社会との関係がわかるかもしれない。

> **介護老人福祉施設**
> →科目「高齢者に対する支援と介護保険制度」の学習内容

実習施設の種別を確認しよう。

```
┌─────────────────────────────────┐
│                                 │
│                                 │
│                                 │
└─────────────────────────────────┘
```

実習施設「種別」の法的基盤を説明しよう。

```
┌─────────────────────────────────┐
│                                 │
│                                 │
│                                 │
└─────────────────────────────────┘
```

実習施設「種別」の法的に位置づけられた歴史を説明しよう。

```
┌─────────────────────────────────┐
│                                 │
│                                 │
│                                 │
└─────────────────────────────────┘
```

実習施設が設置された当時の社会的背景と実習施設の沿革を説明しよう。

```
┌─────────────────────────────────┐
│                                 │
│                                 │
│                                 │
└─────────────────────────────────┘
```

次に，法的基盤に記された実習施設「種別」の目的を調べてみよう。実習施設ではその法的な位置づけを基盤に，実習施設の運営理念や方針のもとにソーシャルワークが展開されている。つまり，法的な目的が実際の支援としてどのように結びつき，その目的が果たされているのかを，考えることになる。実習施設での具体的な個々の実践を理解するためにも，法的根拠を含めた実習施設の概要を学んでおく必要がある。

法的基盤に示された実習施設「種別」の目的

実習施設の運営理念・方針

　一法人一施設ではなく，運営法人のなかで複数の保健・医療・福祉事業を展開している場合には，それらの事業の内容についても調べておこう。クライエントの側に立ってみても，一人一サービスの利用とは限らない。複数のサービスを利用しながら暮らす人々の理解を深めるためにも，関連事業もあわせて実習施設の役割を理解していこう。

運営法人や関連する法人が設置・運営するその他の事業

（3）実習施設を利用する人々を理解しよう

　実習施設の利用者はどのような人々だろうか。ここでも，法律上で規定された実習施設「種別」の利用対象者と，実際に実習施設を利用する人々の特徴をあわせ見ることで，実習施設の特徴を明らかにしていこう。

　たとえば，利用者のＡＤＬの程度や年齢層，男女比などについて調べることや，実習施設を利用しながらどのような暮らしをしているのかを知ることで，実習施設の利用者の生活全体をとらえることはできないだろうか。そのときに，利用者の生活を実習施設の利用のなかだけで理解するのではなく，地域のなかに住む家があったり，仲間がいたり，これまでの生活史があったりと，「利用者」である前に「地域住民」であることを考えてほしい。そこから人々の暮らしを考え，生活上のニーズや必要な支援について発展的に理解を深めていく学習姿勢が大切である。

ＡＤＬ
→科目「高齢者に対する支援と介護保険制度」の学習内容

法的基盤に示された実習施設「種別」の利用対象者

実習施設を利用する人々の特徴

この実習施設「種別」を利用する際に必要な手続き

（4）実習施設の職員を理解しよう

　実習施設の利用者像がつかめたら，次は，その人々を支える実習施設の職員と組織について調べてみよう。

　専門職などの職員配置については，根拠法などに基準が示されている。配置されている職種やその職種が，実習施設「種別」のなかでどのような役割を果たしているのかを，確認しよう。そして，その基準をもとに，実習施設では実際にどのように職員が配置されているのかをみてみよう。実習施設の規模や利用者の特徴，そこでの支援内容や地域とのつながりにも目を向けながら整理すると，実習施設のソーシャルワーク実践の理解がよりリアリティのあるものとなるだろう。職員配置基準に照らして，実習施設の職員配置や体制に特徴があるとすれば，その背景には何があるのかを知ることが，個々の支援の理解につながるかもしれない。

　これらの学びは，3段階実習における「職場実習」や「職種実習」の基礎となるものである。

法的基盤に示された実習施設「種別」の職員配置の基準

実習施設の配置職員と職員体制

職員配置基準
→科目「福祉サービスの組織と経営」の学習内容

3段階実習
→第1章第3節参照
→第2章第3節参照

第2章 第2節のチェックポイント

- あなたが達成できた項目にチェックを入れよう。
- 達成できた・できなかった理由を説明してみよう。
- チェックポイントの内容が理解できない場合は、該当の本文を再度読んで理解しよう。

【本節での到達目標】
地域社会や実習施設に関する調べ学習の成果を実習指導者へ説明できる

☐1 地域社会の概況、人々の暮らし、社会資源を調べることができる。

☐2 実習施設の概要、利用する人々、職員を調べることができる。

☐3 調べ学習の成果として、地域社会のなかの人々の暮らしにおける実習施設が果たす役割について、自分の考えを実習指導者へ説明できる。

第3節 実習計画を実習指導者へ説明できる（事前訪問段階）

1 実習プログラムの理解

（1）実習プログラムとは何か

❶ 実習プログラムの基本

　実習プログラムとは，実習指導者が作成する実習に関する予定表や計画表のことで，実習生が，いつどのような実習課題（ねらい）のもとで，いかにして学ぶのか，実習の課題や内容，方法などを明記したものである。

　実習指導者は，配属実習がソーシャルワーカー養成のための実習であるという前提に立ち，実習生個人の関心事にのみ依拠したり，場当たり的な体験にしたりしないよう，ソーシャルワーカーとして伝えなければならないことを実習プログラムに込めて作成している。

　具体的には，実習指導者が自身の実践をふりかえり，所属する施設・機関において展開しているソーシャルワークを学ぶための要素を抽出し，「職場実習」「職種実習」「ソーシャルワーク実習」の3段階構造でプログラムを組み立てる。実習指導者は「いつ・どこで・何を・どのようにしたらソーシャルワーカーとして必要な価値と態度・知識・技術を伝えることができるのか」を考えながら，実習プログラムを作成していく。このようにして作成された実習プログラムは，実際に展開できるよう実習教育にかかわるさまざまな人たちとの間で検討を重ね，調整されたのちに実習生の手元に届くのである。

❷ 実習プログラムと実習評価表の関係

　では実習生は，実習指導者によって作成された実習プログラムを受け入れ，従ってさえいれば，ソーシャルワークの基礎的な七つの力を高めることができるのであろうか。

3段階構造
→第1章第3節参照

ソーシャルワークの基礎的な七つの力
→序章第3節参照

実習施設においてソーシャルワークは，日常のなかにちりばめられており，さまざまなレベルで考えるとその範囲には限りがない。このようなソーシャルワークを限られた実習期間で学ぶためには，「何に焦点を当て，何のために実習をするのか」といった実習の焦点化や，実習に対する目的を明確にすることが欠かせない。そこで各養成校では，実習で学ぶべきことを実習評価表の評価項目に含め，実習の到達目標を明確にしている。

　つまり，実習で必ず学んでほしいことを実習施設（実習指導者）は「実習プログラム」によって，養成校（実習担当教員）は「実習評価表」によって示しているのである。

❸ 実習生にとっての実習プログラムと実習評価表

　学んでほしいことが，実習プログラムや実習評価表に示されているのに対し，実習生は実習で学ばなければならないことについて実習計画書に記す。図2-2で示すように，実習教育は，実習評価表で示された配属実習の目標に到達することをめざして，実習プログラムと実習計画書の内容を検討し，すり合わせたのちに展開するのである。実習生が実習評価表に対応する実習プログラムの内容を理解することには，次のような意義がある。

①　配属実習中，限られた時間で効果的にソーシャルワークの価値と態度・知識・技術の教育・指導を受けることができる。
②　その実習施設における配属実習の目標や内容を配属実習前に理解し，実習指導を受けるのに必要な準備ができる。

図2-2　配属実習における実習プログラム・実習評価表・実習計画書の関係

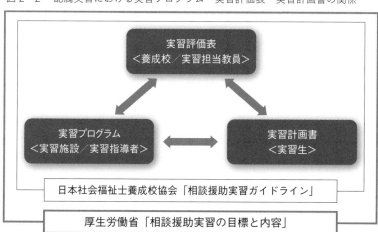

実習スーパービジョン
→第1章第3節参照

③ 実習スーパービジョンを受ける内容について，実習生―実習指導者―実習担当教員の間で調整・確認することができる。
④ 実習にかかわる利用者（クライエント）や職員，その他関係者に，実習を受け入れる体制を整えてもらうことができる。
⑤ 実施した実習プログラムをふりかえり，配属実習の成果を確認することができる。

実習生には，このような実習プログラムの意義を理解することがまずは求められる。

（2）実習プログラムの読み方

次に，B老人デイサービスセンターの実習プログラム（表2-1）を見ながら，実習プログラムの読み方と読むときのポイントを理解しよう。なお，ここでは老人デイサービスセンターの実習プログラム例を示しているが，他の種別の実習施設であっても，ソーシャルワークの価値と態度・知識・技術の共通基盤を学ぶことに変わりはない。自分の実習施設の実習プログラムに置き換えて考えてみよう。

❶ 実習プログラムの基本構成を知ろう

▶段階

3段階構造
→第1章第3節参照

3段階構造の実習プロセス「職場実習」「職種実習」「ソーシャルワーク実習」のうち，どの段階にあたるのか，おおよその段階を示している。

▶実習課題（ねらい）

実習指導者が達成してほしいと考える「実習課題」と，「なぜその課題に取り組むのか」といった実習課題の「ねらい」が示されている。

▶実習内容

実習生が取り組む実習の内容や方法が示されている。

表2-1　B老人デイサービスセンターの実習プログラム

No.	段階	実習施設名：〇〇法人〇〇会　B老人デイサービスセンター　／　施設種別：老人デイサービスセンター　実習指導者名：〇〇〇〇	
		実習課題（ねらい）	実習内容
1	職場	(1)利用者，職員，グループ，地域住民等との基本的なコミュニケーションを学ぶ (15)就業規則について学ぶ	組織の一員としての役割と責任を理解するために，利用者や職員，その他の関係者にあいさつと自己紹介を行い，職員に準ずる立場として就業規則に則り行動する
2		(16)実習機関・施設の組織構造及び意思決定過程を学ぶ	施設概要を理解するために，実習施設の母体法人（運営方針，組織，年度計画等）に関する講義を受ける
3		(17)実習機関・施設の法的根拠，財政，運営方法等を学ぶ	施設運営管理，リスクマネジメント（事故発生時の対応，苦情発生時の対応，感染症対策，個人情報保護）を理解するために，講義を受ける
4		(4)利用者の動向や利用状況を学ぶ	サービスの内容とそれを利用する人々の気持ちの理解をめざして，可能な限り利用者と同じ立場で日課を体験する
5		(4)利用者の動向や利用状況を学ぶ (2)円滑な人間関係の形成方法を学ぶ	どのような人が利用しているのかを理解するために，利用者とコミュニケーションを図る
6		(21)地域社会における実習機関・施設の役割と働きかけの方法等を学ぶ (19)実習機関・施設のある地域の歴史や人口構造等を学ぶ	地域における老人デイサービスセンターの役割を理解するために，送迎に同行する
7		(11)実習機関・施設の他職種，他職員の役割と業務及びチームアプローチのあり方を学ぶ	各職種の業務と役割を理解するために，各部署の専門職（介護職員，看護職員，機能訓練指導員，栄養士など）の見学・業務補助を行う
8		(11)実習機関・施設の他職種，他職員の役割と業務及びチームアプローチのあり方を学ぶ	施設内の情報伝達・共有の方法を理解するために，朝礼，申送りに同席する
9	職種	(14)社会福祉士の倫理を学ぶ	社会福祉士の行動規範を理解するために，実習指導者が社会福祉士としての実践上，大切にしていることを聞く
10		(7)利用者との援助関係の形成の意味と方法を学ぶ	生活相談員の役割を理解するために，日課を体験しながら，生活相談員の行動を観察する
11		(18)業務に必要な文書様式の記入内容・方法等を学ぶ	ソーシャルワーク実践に必要な記録について理解するために，記録書式や情報整理の方法について説明を受ける
12		(12)実習機関・施設の会議運営方法を学ぶ	各種会議における生活相談員の役割と業務を理解するために，会議に向けての準備補助を行い会議へ同席する
13		(4)利用者の動向や利用状況を学ぶ (7)利用者との援助関係の形成の意味と方法を学ぶ (8)利用者と家族の関係を学ぶ	現在，利用している人々のニーズや支援プロセスを理解するために，ケース記録や通所介護計画などの記録を閲覧する

段階		実習課題（ねらい）	実習内容
14	職種	(7)利用者との援助関係の形成の意味と方法を学ぶ	支援対象者のニーズを理解するために，相談場面（面接や電話対応など）を見学する
15		(8)利用者と家族の関係を学ぶ	利用者の家族との連絡調整の方法について理解するために，送迎に立ち会ったり，連絡ノートを閲覧したりする
16		(13)関連機関・施設の業務や連携状況を学ぶ	サービス提供関係者間での情報交換・情報共有の方法を理解するために，サービス担当者会議に同席する
17		(13)関連機関・施設の業務や連携状況を学ぶ (20)実習機関・施設のある地域の社会資源を学ぶ	地域連携について理解するために，居宅介護支援事業所，地域包括支援センターを見学する
18		(13)関連機関・施設の業務や連携状況を学ぶ (20)実習機関・施設のある地域の社会資源を学ぶ	ボランティア募集の方法や地域連携について理解するために，社会福祉協議会のボランティアセンター，民生委員宅などへの訪問に同行する
19	ソーシャルワーク	(7)利用者との援助関係の形成の意味と方法を学ぶ (18)業務に必要な文書様式の記入内容・方法等を学ぶ	老人デイサービスセンターにおけるケースワークを理解するために，利用者やその家族との面接に同席し，相談記録を作成する
20		(7)利用者との援助関係の形成の意味と方法を学ぶ	老人デイサービスセンターにおけるグループワークを理解するために，利用者を対象としたグループワークの準備，補助を行う
21		(21)地域社会における実習機関・施設の役割と働きかけの方法等を学ぶ	広報啓発活動の意義と方法を理解するために，機関誌の紙面づくりに参加する
22		(9)利用者や関係者（家族等）への権利擁護及びエンパワメント実践を学ぶ	権利擁護やエンパワメント実践を理解するために，実施されている取り組みについて説明を受ける
23		(7)利用者との援助関係の形成の意味と方法を学ぶ (18)業務に必要な文書様式の記入内容・方法等を学ぶ	サービス利用に関する手続きについて理解するために，サービス利用に向けての説明・契約の場面に同席し，書類整理などの業務補助を行う
24		(4)利用者の動向や利用状況を学ぶ (18)業務に必要な文書様式の記入内容・方法等を学ぶ	介護保険制度の仕組みを理解するために，介護報酬請求業務の補助を行う
25		(7)利用者との援助関係の形成の意味と方法を学ぶ	利用者との援助関係の形成について理解するために，個別支援計画作成の対象となる利用者（以下「担当利用者」）と意識的にかかわる
26		(5)利用者，グループ，地域住民等へのアセスメントとニーズ把握の方法を学ぶ	担当利用者を理解するために，様子を観察し，担当利用者本人やその他の利用者とコミュニケーションを図る
27		(5)利用者，グループ，地域住民等へのアセスメントとニーズ把握の方法を学ぶ	担当利用者を理解するために，記録を閲覧したり，職員にインタビューしたりする

	段階	実習課題（ねらい）	実習内容
28	ソーシャルワーク	(5)利用者，グループ，地域住民等へのアセスメントとニーズ把握の方法を学ぶ	担当利用者の生活環境を理解するために送迎に同行する
29		(5)利用者，グループ，地域住民等へのアセスメントとニーズ把握の方法を学ぶ	担当利用者の居宅における生活について理解するために，居宅訪問に同行する
30		(5)利用者，グループ，地域住民等へのアセスメントとニーズ把握の方法を学ぶ	担当利用者をアセスメントするために，面接を行う
31		(18)業務に必要な文書様式の記入内容・方法等を学ぶ	ソーシャルワーク実践に必要な記録の作成方法を理解するために，行った面接の記録を作成する
32		(5)利用者，グループ，地域住民等へのアセスメントとニーズ把握の方法を学ぶ	担当利用者の全体像を理解し，課題を把握するために，これまで収集した担当利用者に関する情報をアセスメントシートに整理する
33		(5)利用者，グループ，地域住民等へのアセスメントとニーズ把握の方法を学ぶ	個別支援計画の立案に向けて，担当利用者のニーズを確定し，その根拠や理由を実習指導者へ説明する
34		(6)個別支援計画等，さまざまな計画の策定方法を学ぶ（プランニングまでを主として）	個別支援計画の立案に向けて，利用者や実習指導者等と相談しながら，目標設定を行う
35		(6)個別支援計画等，さまざまな計画の策定方法を学ぶ（プランニングまでを主として）	利用者や実習指導者等と相談しながら，個別支援計画を立案する
36		(6)個別支援計画等，さまざまな計画の策定方法を学ぶ（プランニングまでを主として） (12)実習機関・施設の会議運営方法を学ぶ	立案した個別支援計画をケース会議にて実習指導者等へ説明し，助言指導を受ける
37		(6)個別支援計画等，さまざまな計画の策定方法を学ぶ（プランニングまでを主として）	個別支援計画の実施に向けて，立案した個別支援計画を利用者へ説明し，承諾を得る
38		(9)利用者や関係者（家族等）への権利擁護及びエンパワメント実践を学ぶ (10)モニタリングと評価方法を学ぶ	承諾を得た個別支援計画の援助内容を実施する
39		(10)モニタリングと評価方法を学ぶ	実施した援助内容について利用者や実習指導者等から評価を受ける
40		(10)モニタリングと評価方法を学ぶ	実習評価表を使って実習課題の達成度を自己評価し，実習指導者へ説明する

※「実習課題（ねらい）」の（　）内の数字は，巻末資料日本社会福祉士養成校協会「相談援助実習ガイドライン」の「中項目」に対応

❷ 実習プログラムを理解するポイント

▶ 実習なのに「講義」や「見学」があるのはなぜか

　実習での学び方には「講義を受ける」(No.2, 3),「説明を受ける」(No.11, 22) などの「聞く」方法や「見学する」(No.7, 14, 17),「同席する」(No.8, 12, 29) などの「見る」方法がある。講義にしても見学にしても，その実習課題を達成するのに最もよい方法であると実習指導者が判断し，実習プログラムに組み込んでいる。せっかくの機会を無駄にしないためにも，講義や見学の際には次のようなことに留意しよう。

・「何のために聞く（見る）のか」目的を理解する。
・これまでの学習とソーシャルワークの実践現場とを照らして，「なぜ」「どうして」と感じることを意識する。
・ソーシャルワーカーとして「私だったらどうするか」を考える。

　また実習という限られた時間のなかで，見たこと・聞いたことを理解するには，その基礎となる知識が欠かせない。たとえば，No.23「サービス利用に関する手続き」場面を見るとき，その場面が，「手続きのプロセスのうちどの段階に当たるのか」「なぜこのような手続きが必要なのか」といったことを，わかったうえで見るのと，わからず見るのとでは，その学びに大きな差があることがわかるだろう。

▶ 介護を含む他職種業務の体験があるのはなぜか

　実習内容には，No.7「各部署の専門職（介護職員，看護職員，機能訓練指導員，栄養士など）の見学・業務補助」といった体験が含まれることがある。ここで達成すべき実習課題は，「実習機関・施設の他職種，他職員の業務と役割及びチームアプローチのあり方を学ぶ」ことであり，各専門職の技術の習得──たとえば介護技術の習得──といったことではない。実習課題（ねらい）によって実習生が獲得すべき価値と態度・知識・技術は異なる。実習プログラムを見る際には，実習課題（ねらい）も意識しよう。

▶ 同じ実習内容が繰り返し何度も組み込まれているのはなぜか

　B老人デイサービスセンターの実習プログラムには，たびたび，送迎に同行することが組み込まれている。この意味について考えてみよう。図2-3は，「送迎への同行」が含まれる実習内容(No.6,

---

チームアプローチ
→科目「相談援助の基盤と専門職」「相談援助の理論と方法」の学習内容

図2-3 段階別「送迎への同行」

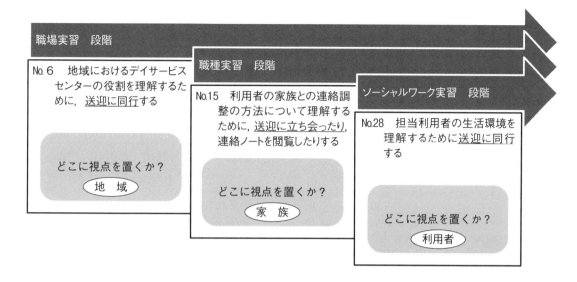

15,28)を段階ごとに表したものである。実習内容は同じであるが,段階ごとに実習を行う目的や視点が異なり,求められる実習成果も同じではないことに気づいただろうか。

この実習プログラムでは,まず援助の対象となる「地域」,次に利用者の「家族」,最後に利用者「本人」の状況を理解するといったマクロからミクロの視点で学べるよう配置がなされている。このように,同じ実習内容が繰り返されたとしても,その学びの視点は異なることがある。

ミクロ・メゾ・マクロソーシャルワーク
→科目「相談援助の理論と方法」の学習内容

▶ 一つの実習課題に対して複数の実習内容が予定されているのはなぜか

B老人デイサービスセンターの実習プログラムには,利用者を理解するための方法として「日課を体験する」(No.4),「コミュニケーションを図る」(No.5, 26),「記録を閲覧」(No.13, 27),「相談場面(面接や電話対応など)を見学」(No.14),「居宅訪問」(No.29),「面接」(No.30)などがある。このように,ソーシャルワークの実践現場では,利用者を理解するさまざまな方法があり,それを実習生が実践できるようになるために,実習プログラムに組み込まれている。

▶ソーシャルワーク実習段階に同じような実習課題が続くのはなぜか

　実習プログラムの「実習課題（ねらい）」は，実習生がスモールステップの目標を達成しながら最終的なゴールに到達できるよう配置されている。B老人デイサービスセンターの場合，実習課題「個別支援計画等，さまざまな計画の策定方法を学ぶ」（No.34～37）ことができるよう，実習課題「利用者との援助関係の形成の意味と方法を学ぶ」（No.25）や，実習課題「利用者，グループ，地域住民等へのアセスメントとニーズ把握の方法を学ぶ」（No.26～30，32，33）などが計画されている。どのような学びのプロセスを経て，最終的なゴールに向かうのかをイメージしながら，実習プログラムを見てみよう。

▶実習の終盤に「説明する」という実習内容が含まれるのはなぜか

　たとえば，No.37「立案した個別支援計画を利用者へ説明し，承諾を得る」ことやNo.40「実習課題の達成度を自己評価し，実習指導者へ説明する」ことは，ソーシャルワークの基礎的な七つの力のすべてが問われる。それだけではなく，ソーシャルワークの実践現場では，人々と連携して支援を行うために，立てた計画をわかりやすく発表・提示・説明するプレゼンテーションの能力が求められる。これらの力が実習生に備わっているのかどうかを評価するために，実習プログラムの後半に「説明する」といった実習内容が含まれているのである。

> ソーシャルワークの基礎的な七つの力
> →序章第3節参照

2　実習計画書の作成

（1）実習計画書作成の意義

　実習計画書は配属実習中，何に焦点を当てて実習するのか，実習生自身の実習に対する目的意識と配属実習の目標とを照らして，実習生が学ばなければならない事柄とその達成方法を表現したものである。配属実習を終えるときに，どのような「私」になっ

ていたいのか，どのようなことを学び，身につけておきたいのかという大きな目標（実習のテーマ）をイメージしながら，そのために達成すべき課題（具体的達成課題）を設定し，それを達成するための方法を整理する。

実習計画書を作成する目的を整理すると，以下の三つになる。

① 実習生が，実習施設において，何を目的に，何を身につけるためにこの配属実習を行うのか，どのような方法で学習するのかを明確にするため

② 実習指導者に事前学習の成果を伝え，配属実習スタートまで，あるいは配属実習中にスーパービジョンを受けるため

③ 配属実習の成果を自己評価するためのものさしとして活用するため

(2) 実習計画書を作成してみよう

❶ 実習計画書に含まれる内容

実習計画書の様式は，養成校ごとに定められている。

「実習のテーマ」「私にとっての実習の意義」「実習の具体的達成課題と方法」「実習事前学習の内容と成果」という基本となる4項目で構成する。これら4項目は一体的に説明されるべきものである。「私にとっての実習の意義」で説明した，配属実習に取り組む実習施設で私が学ぶことの意味をもとに，その実習施設だからこそ私が学ばなければならない事柄を「実習の具体的達成課題と方法」として整理する。達成課題を達成するために事前学習として取り組んだ事柄を「実習事前学習の内容と成果」に記し，それらの記述内容を一言で言い表したものが「実習のテーマ」となる。

❷ 私にとっての実習の意義

この項目は，実習生である「私」がその実習施設で，この配属実習を行うことの意味として「私は将来どのようなソーシャルワーク実践をしたいのか」「私はなぜこの実習施設で配属実習するのか」「配属実習をとおしてどのようなソーシャルワーカーをめざしたいのか」を説明するものである。つまり，ゴールを設定した背景（根拠）である。

「ソーシャルワーカーをめざす動機」や「ソーシャルワークに関心をもったきっかけ」を言語化することは，自分自身の目的意識を整理することになる。

▶「私にとっての実習の意義」を考えるためのワークに取り組んでみよう
① 私は将来どのようなソーシャルワーク実践をしたいのか
② 私はなぜ①で考えたソーシャルワーク実践をしたいのか
③ 私はなぜこの実習施設で配属実習するのか
④ 私は配属実習をとおしてどのようなソーシャルワーカーをめざしたいのか

❸ 実習の具体的達成課題と方法
　この項目は，「私にとっての実習の意義」から導き出した「ソーシャルワーカーとなるために私が学ぶべきこと」「身につけるべき力」を具体的な達成課題とし，そのためにあなたが想定している学び方を「方法」として挙げていく。
　実習計画書に記す「実習の具体的達成課題」は，あなたの興味関心や個人的な課題解決のためのものではなく，実習施設においてソーシャルワーカーとなるために学ぶべき具体的な事柄でなければならない。つまり，実習生自身の"wants"（学びたいこと）ではなく，ソーシャルワーカーとなりゆくための"needs"（学ぶべきこと）を言語化しよう。
　では，あなたのめざすソーシャルワーカーになるために，実習施設で学ぶべきことは何だろうか。職場実習，職種実習，ソーシャルワーク実習の3段階に分けて，それぞれの段階における達成課題を考えてみよう。そして，その達成課題に取り組むための方法を考えてみよう。

　具体例をもとに考えてみよう。
　あなたが，B老人デイサービスセンターの利用者Aさんの「ニーズを把握するためのアセスメントの力をつける」という達成課題を設定したとしよう。そのための方法として，「様子を観察し，Aさん本人やその他の利用者とコミュニケーションを図る」「記録を閲覧したり，職員にインタビューしたりする」とい

う方法がある。また,「Aさんの生活環境を理解するために送迎に同行する」という方法も考えることができるだろう。

　一方で,前項の「B老人デイサービスセンターの実習プログラム」には,実習課題（ねらい）に「利用者,グループ,地域住民等へのアセスメントとニーズ把握の方法を学ぶ」とある。その実習内容をみると,上記の方法以外にも,「Aさんの居宅訪問に同行する」「面接を行う」「これまで収集したAさんに関する情報をアセスメントシートに整理する」という機会があることに,気づくことができるだろう。実習指導者は,あなたが考えた方法以外にも,さまざまな方法や視点からニーズを把握していることがわかる。その不足や違いに気づくことは,達成課題を達成するために欠かせない学習である。

▶「実習の具体的達成課題と方法」を考えるためのワークに取り組んでみよう

① 私がこの配属実習で達成しなければならないこと
```
┌─────────────────────────────────────────────┐
│                                             │
│                                             │
└─────────────────────────────────────────────┘
```

② それを達成しなければならない理由
```
┌─────────────────────────────────────────────┐
│                                             │
│                                             │
└─────────────────────────────────────────────┘
```

③ それを達成するための配属実習における取り組み方法
```
┌─────────────────────────────────────────────┐
│                                             │
│                                             │
└─────────────────────────────────────────────┘
```

❹ 実習事前学習の内容と成果
　この項目では,あなたが学んできた内容と成果を言語化しよう。
　ここに記載する事前学習の内容とは,実習教育がスタートしてから現在に至るまでに学んできた,実習全般にかかる学習を意味するものではない。あなたが実習計画書に記した「具体的達成課題」を達成するために,事前に取り組んだ学習に焦点化した説明が求められる。
　そのため,達成課題に直接対応する文献を示し,文献名を挙げ,

文献学習を通して得た成果を簡潔にまとめよう。

　また，ボランティアや施設見学など，実践的な方法で事前学習を行った人もいるだろう。グループワークをとおしてのディスカッションで理解を深めた人もいるだろう。それらの学習成果を示すことも考えられる。

❺ 実習のテーマ

　実習のテーマとは，「その実習施設においての私がソーシャルワーカーになるための実習のゴール（目標）」である。実習計画書の表題（タイトル）であるとともに，取り組む「私」にとっての実習の表題（タイトル）でもある。実習計画書の全容を一言で言い表すことのできるテーマを考えよう。

▶「実習のテーマ」を考えるためのワークに取り組んでみよう
① 「私にとっての実習の意義」は何か
② 私の「実習の具体的達成課題」は何か
③ この配属実習の最終目標は何か

私の実習のテーマは……

```
                                              
```

❻ 実習計画書の自己評価

　あなたの実習計画書は，実習施設の実践をふまえたうえで自分ならではの達成課題が盛り込まれた計画書になっているだろうか。あなたがソーシャルワーカーになりゆくために学ぶべきことが反映されているかをふりかえってみよう。

3 事前訪問

(1) 事前訪問の目的

　実習プログラムを理解し，実習計画書が作成できたら，いよい

実習計画書記入のポイント

施設種別				都道府県		
運営主体・ 実習施設名						
実習期間	年　　月　　日〜　　年　　月　　日（　　）日間					

1．実習のテーマ

　　　　　　　　実習施設ならではの実習のテーマが掲げられていますか。

2．私にとっての実習の意義

　　　　　　　　実習の一般的な意義ではなく，あなたにとっての実習の意義を説明できていますか。

3．実習の具体的達成課題と方法

課題1
　方法①
　方法②　　　　実習施設の実践をふまえた「私にとっての実習の意義」
　方法③　　　　から導き出した，配属実習時に「私が達成すべき事柄」と，
課題2　　　　　「達成のための方法」は説明できていますか。
　方法①
　方法②
　方法③
課題3
　方法①
　方法②
　方法③

4．実習事前学習の内容と成果／参考資料・文献一覧

　　　　　　　　3の具体的達成課題を達成するために，事前に学んだ学習内容が説明できていますか。

よ事前訪問の準備に取りかかろう。「どのような実習になるのだろうか」「どのような実習指導者だろうか」と実習生の不安は尽きないだろうが，この事前訪問は，実習指導者から直接実習スーパービジョンを受ける第一歩となる。しっかりと準備したうえで，事前訪問を行おう。事前訪問を行う主な目的は次の四つである。

❶ 実習計画を実習指導者へ説明する
❷ 実習計画書と実習プログラムとをすり合わせる
❸ これまでの事前学習の内容や成果を伝え，実習までの学習についてアドバイスを受ける
❹ 実習スーパービジョンの内容や方法について確認する

　このように，事前訪問は単なる手続きの一つではなく，実習生と実習指導者とが実習スーパービジョン契約を結ぶ大事な機会でもある。実習指導者は，この事前訪問での面接をとおして，実習生をアセスメントしていく。スーパーバイジーとしての私を意識しながら，事前訪問での面接に臨もう。

（2）事前訪問の内容

　では，具体的に事前訪問では何をするのだろうか。前述の事前訪問の目的ごとに，事前訪問の内容について考えてみよう。

❶ 実習計画を実習指導者へ説明する
　作成した実習計画書をもとに，実習指導者へ自分の考える実習計画を説明しよう。このとき注意しなければならないのは，「～がしたい」と自分の要望を伝えるのでなく，「実習で何を達成しようとしているのか」「それをすると何が得られるのか」を伝えることである。

❷ 実習計画書と実習プログラムとをすり合わせる
　説明した実習計画と実習指導者が考える実習プログラムとをすり合わせて，具体的な実習の進め方を打ち合わせよう。ここでいう「すり合わせる」とは，「つき合わせて，うまく調整する」ことである。この「すり合わせ」をすることにより，思いもよらな

実習スーパービジョン
→第1章第3節参照

スーパーバイジー
→第1章第3節参照

かった達成課題に取り組む方法や，取り組むとよい学びとなる達成課題について，助言が得られるかもしれない。実習計画書を見直してみよう。すり合わせの程度や方法は実習施設によって異なるが，このすり合わせにより，実習指導者が考える「この実習で実習生に学んでほしいこと」が伝わってくるだろう。このようなことも考え，相談しながら，実習計画書と実習プログラムとをすり合わせよう。

❸ これまでの事前学習の内容や成果を伝え，実習までに取り組んでおくとよい学習についてアドバイスを受ける

　事前学習として取り組んできたことをただ説明するだけでなく，その学習から何を得たのか，成果を伝えることが大切である。実習指導者は，実習生が「何に興味があるのか」「何をどれくらい学習してきたのか」「何をどれくらいできるのか」を見極めて，アセスメントする。事前訪問の段階で，事前学習の進捗状況を伝え，助言を受けよう。配属実習を開始するまでに学習課題が課されるかもしれない。

❹ 実習スーパービジョンの内容や方法について確認する

　第1章第3節で解説しているとおり，実習中には，実習生と実習指導者との間で実習スーパービジョンが実施される。その実習スーパービジョンの内容と方法を理解しておかなければ，適切なときに，適切な場で，適切な方法で実習スーパービジョンを受けることができない。実習スーパービジョンがどのようなときに，どのような内容・方法で実施されるのか，確認しておくようにしよう。

第2章 第3節のチェックポイント

- あなたが達成できた項目にチェックを入れよう。
- 達成できた・できなかった理由を説明してみよう。
- チェックポイントの内容が理解できない場合は，該当の本文を再度読んで理解しよう。

・・

【本節での到達目標】
実習計画を実習指導者へ説明できる（事前訪問段階）

☐1 実習施設から提示された実習プログラムの段階ごとのねらいを説明できる。

☐2 実習計画書作成の目的を説明できる。

☐3 実習施設の実践をふまえたうえで，自分ならではの達成課題が盛り込まれた実習計画書を作成できる。

☐4 実習プログラムに基づいて立案した実習計画を実習指導者へ説明できる。

第3章

事中学習

本章の節立てと構成

第1節　実習開始前に確認すること

第2節　利用者の生活を支援する実習施設の役割・機能を
　　　　説明できる
　　　　（職場実習）

第3節　利用者の生活を支援する相談員の役割を説明できる
　　　　（職種実習）

第4節　利用者と環境との関係性を実習指導者等へ説明できる
　　　　（ソーシャルワーク実習前半：アセスメント）

第5節　利用者と環境との関係性を実習指導者等へ説明できる
　　　　（ソーシャルワーク実習後半：支援計画）

本章の節立てと構成

第1節では，配属実習の開始にあたって確認することを説明する。第2節〜第5節では，「職場実習」「職種実習」「ソーシャルワーク実習」の各段階における実習の目標，実習プログラム，実習内容，ふりかえりの方法について，図3-1の節立てにより説明する。

実習生はソーシャルワークの基礎的な七つの力を身につけるために，実習プログラムをとおしてどのような体験をし，そのなかから何を学ぶ必要があるのか，実習日誌やスーパービジョンにおけるふりかえりの方法やポイントはどのようなものかを説明する。

また，「職場実習」「職種実習」「ソーシャルワーク実習」の各段階において，事中学習を効果的に進めるツールとして，複数の「ワークシート」を提示する。ワークシートの活用方法は，該当する各段階の節で説明する。第2節以降の構成は，表3-1のとおりである。

職場実習・職種実習・ソーシャルワーク実習
→第1章第3節 ② (2)参照

ソーシャルワークの基礎的な七つの力
→序章第3節参照

図3-1 第3章の節立て

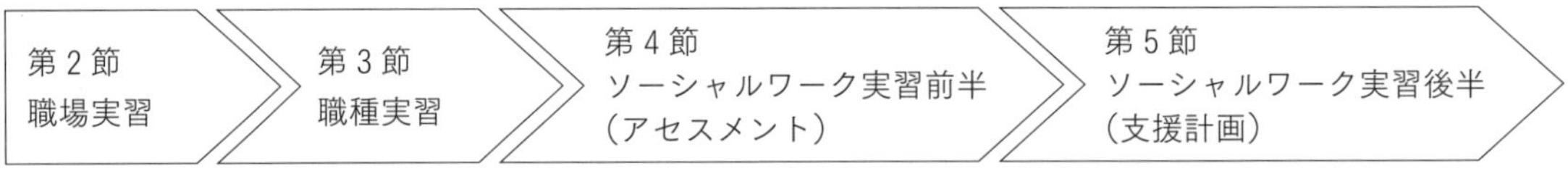

| 第2節 職場実習 | 第3節 職種実習 | 第4節 ソーシャルワーク実習前半（アセスメント） | 第5節 ソーシャルワーク実習後半（支援計画） |

表3-1 第2節〜第5節の構成

節のタイトル「○○○ができる」	この実習段階での目標を示している。
1．実習目標	この実習段階の目標を噛み砕いて説明している。
2．実習プログラム	この実習段階での実習プログラムを紹介している。実習生はこの実習プログラムのもとでどのような活動をすることが求められるのかを説明している。
3．実習内容とワークシートの活用方法	この実習段階で，実習プログラムをとおしてソーシャルワーク実践の基礎的な七つの力を身につけるための視点を説明している。学習を効果的に進めるためのワークシートを提示し，その書き方と活用方法を，具体的に説明している。
4．ふりかえりの方法とポイント	この実習段階をふりかえるために，実習日誌に何をどのように書くか，スーパービジョンでのふりかえりのポイントを説明している。

※ 各節では，それぞれの実習段階において，「ソーシャルワーク実践の基礎的な七つの力」（「人々との関係を形成する力」「援助関係を形成する力」「アセスメントする力」「働きかける力」「人々と連携する力」「ソーシャルワークを伝達する力」「自らの実践をふりかえる力」）を，どのような実習の取り組みをとおして身につけるかを説明している。

第1節 実習開始前に確認すること

事前学習を終え，実習初日まであと数日となった。この節では，ソーシャルワークの基礎的な七つの力を身につける実習を円滑に進めるために，実習開始日までに確認しておきたいことを挙げる。

1 事中学習の進め方

実習初日を迎える前に，実習プログラムの実習課題（ねらい）と実習内容，自分の実習計画書（実習のテーマ・達成課題），実習で学ぶためのツール（ワークシート，プロセスレコード，実習日誌）を確認しよう。あなたは，どのような目標に向かってどのような方法で実習を進めていくのか，実習中の動きを具体的にイメージしておこう（図3-2）。

> **実習プログラムの実習課題（ねらい）と実習内容**
> →第2章第3節①参照
>
> **実習計画書（実習のテーマ・達成課題）**
> →第2章第3節②参照

(1) 実習プログラムの実習課題（ねらい）と実習内容を確認する

実習先からあらかじめ提示されている実習プログラムを，再度読み込もう。実習指導者が予定している「職場実習」「職種実習」「ソーシャルワーク実習」の組み立てを，具体的に確認することができる。テニスやバスケットボールなどのスポーツにたとえれば，実習指導者が提示する「実習プログラム」は，あなたが実習を行うコートである。実習指導者が線を引いたコートの形状と，実習生に要求されるコート上での動きをイメージできるまで，実習プログラムに示される実習課題（ねらい）と実習内容を確認しよう。事前学習で整理した実習分野と実習施設・地域，ソーシャルワークに関する知識を点検・補充する機会にもなるだろう。

(2) 自分の実習計画書（実習のテーマ・達成課題）を確認する

　実習プログラムの実習課題（ねらい）と実習内容を確認したら，そのなかで自分の実習計画書（実習のテーマ・達成課題）をどう展開するかイメージしよう。

　先ほど（1）でコートに見立てた実習プログラムのもとで，ソーシャルワークの基礎的な七つの力を身につけるために，自ら設定するいくつかの達成課題に取り組むのである。これから立つコートの形状を理解したうえで，自分の実習計画書を読み返そう。

　そして，実習施設の人々，地域社会のなかで暮らしにくさを抱える人々の存在が，ソーシャルワーク専門職の仕事を必要としていることを思いながら，自分自身に問いかけよう。実習に臨むあなたの意欲と心構えはどうか。実習に誠実に取り組む姿勢に揺らぎのないことを，再度確認してほしい。

(3) 学ぶためのツール（ワークシート，プロセスレコード，実習日誌）を確認する

❶ ワークシート（図3-2）

　これは，実習プログラムの各段階「職場実習」「職種実習」「ソーシャルワーク実習」の実習目標を達成するための学習のポイントを，五つの記入シートに仕立てたものである。これを事中学習に活用することで，四つの効果が期待できる。①各段階での学習のポイントをワークシートで視覚的に認識することができる，②断片的に入手した情報をワークシートに記入して整理することができる，③ソーシャルワーク実践のプロセスである情報収集・アセスメント・支援計画などの課題に段階的に取り組むことができる，④ワークシートに記入することで，スーパービジョンを受けるための準備をすることができる。記入したシートをもとに実習指導者や実習担当教員に事中学習の取り組みを報告することは，自分自身の学習をふりかえるということである。具体的な材料をもとにふりかえることで，スーパーバイザーから的確な助言や指導を引き出すことができる。実習生は自分の実習計画（実習のテーマと達成課題）を意識してワークシートを活用することで，ソーシャルワークの基礎的な七つの力を養うことができる。

　また，各実習段階に対応する七つのシートとは別に，配属実習

ソーシャルワーク実践のプロセス
→科目「相談援助の理論と方法」の学習内容

図3-2 事中学習の全体イメージ

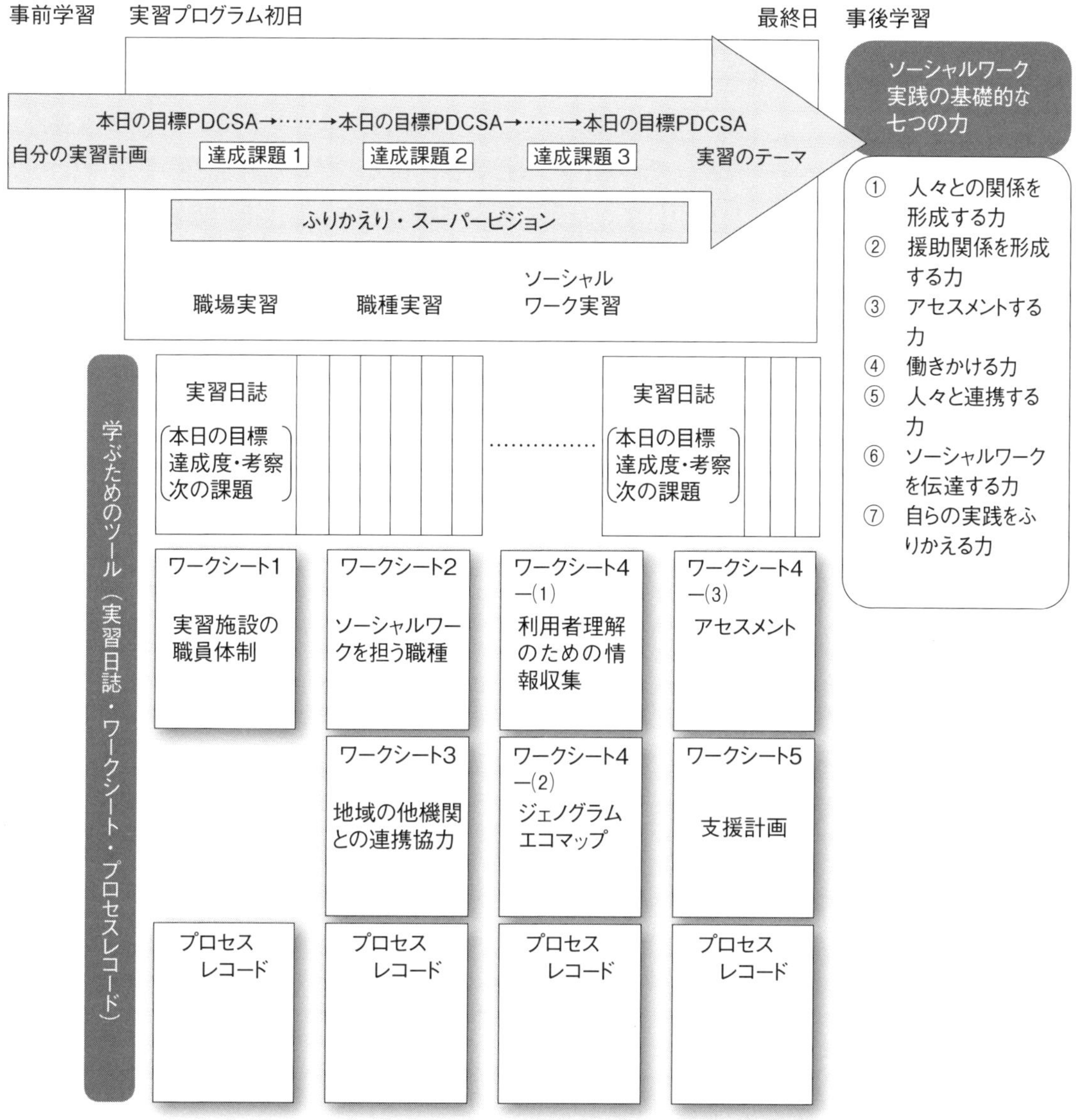

事前学習　実習プログラム初日　　　　　　　　　　　　　　　　最終日　事後学習

本日の目標PDCSA→……→本日の目標PDCSA→……→本日の目標PDCSA

自分の実習計画　[達成課題1]　[達成課題2]　[達成課題3]　実習のテーマ

ふりかえり・スーパービジョン

職場実習　　職種実習　　ソーシャルワーク実習

ソーシャルワーク実践の基礎的な七つの力

① 人々との関係を形成する力
② 援助関係を形成する力
③ アセスメントする力
④ 働きかける力
⑤ 人々と連携する力
⑥ ソーシャルワークを伝達する力
⑦ 自らの実践をふりかえる力

学ぶためのツール（実習日誌・ワークシート・プロセスレコード）

実習日誌 本日の目標 達成度・考察 次の課題	……	実習日誌 本日の目標 達成度・考察 次の課題	
ワークシート1 実習施設の職員体制	ワークシート2 ソーシャルワークを担う職種	ワークシート4-(1) 利用者理解のための情報収集	ワークシート4-(3) アセスメント
	ワークシート3 地域の他機関との連携協力	ワークシート4-(2) ジェノグラム　エコマップ	ワークシート5 支援計画
プロセスレコード	プロセスレコード	プロセスレコード	プロセスレコード

中の自分と利用者とのかかわり場面や会話のやりとりをふりかえるための道具として、プロセスレコードを活用することができる。利用者とのかかわりや会話は、うまくいくこともあれば、トラブルが生じたり、言葉がけに対して反応のない場合もある。そのような場面を体験したら、利用者はなぜ怒りだしたのだろうか、何も言わなかったのだろうかと考えてみよう。プロセスレコードの特徴は、具体的に観察可能な「利用者の言葉や行動」とそれに対する「自分の言葉や行動」だけでなく、自分の発した言葉や行動

のもととなっている「利用者の言葉や行動に対する自分の見立て，判断，感情」をふりかえって記述するところにある（表3-2）。

ソーシャルワーカーは，ソーシャルワークの価値と態度・知識・技術に基づいて，利用者の言動に対する見立て，判断をする。だが，その専門的な行為は，自分自身がこれまでの生活のなかで身につけてきた価値観や判断のものさし，そのときの自分の体調や感情・気分からの影響を受けやすい点に留意する必要がある。

事中学習の各実習段階でプロセスレコードを活用し，利用者とのかかわりを丹念にふりかえろう。利用者と向き合う場面での「ソーシャルワーカーになりゆく私」の価値観や判断基準，利用者に対する感情や心の動きについて，ソーシャルワークの価値・

ソーシャルワークの価値と態度・知識・技術
→序章第2節④参照

表3-2　プロセスレコードの書き方

この場面をとりあげた理由	プロセスレコードでのふりかえりをしようとする理由を書く（例：私が声をかけたときAさんの機嫌が悪くなったのはなぜかを考えるため）。
この場面の簡単な状況の説明	（例：レクリエーションに参加していないAさんとのやりとり）
この場面に登場する利用者の概況	利用者の特徴を，個人情報に配慮して簡潔に書く（例：70歳代，女性，脳梗塞の後遺症で半身麻痺のAさん）。

利用者のことば，行動	利用者のことばや行動に対する自分の見立て，判断，感情	自分のことば，行動
①その場面でAさんが発した言葉またはAさんの行動・状況を書く。	②①のAさんの言葉や行動に対して，そのとき私が頭のなかで推察，判断したこと，抱いた感情等を書く。	③②の自分の考えや気持ちを踏まえて，私がAさんに対して実際に発した言動を書く。
④③の私の発した言葉に対するAさんの言動，行動，状況	⑤④のAさんの言葉や行動に対してそのとき私が頭のなかで推察，判断したこと，抱いた感情等を書く。	

- 利用者の言葉や行動について，自分が何を見立て判断し思いながらやりとりをしていたのかが分かるように，時系列で，①左列→②中列→③右列→④左列→⑤中列…の順に，「①②③…」と番号をつけながら記述する。
- 中列には，「Aさんにレクリエーションに参加してほしい。声を掛けて参加を促してみよう」というように，そのときの自分の見立てや判断を記入する。その場面で自分が考えたこと，感じたことを，率直に書こう。

このやりとりをふりかえって感じたこと，考えたこと，気づいたこと

この場面におけるAさんとのやりとりにおいて，Aさんに対する私の見立てや判断が適切であったか，私はなぜそのような見立てや判断をしたのか，見立てや判断のもととなっているものは何か（拠りどころとなる価値観・判断基準など），今ふりかえってみて，何に注意を向ける必要があったか，どのような見立てや判断ができるとよかったのか，等を書く。

倫理に照らして見つめることで，あるいは実習指導者にふりかえりを報告してスーパービジョンを求めることで，「自らの実践をふりかえる力」を身につけていこう。これは，「人々との関係を形成する力」「援助関係を形成する力」「アセスメントする力」「働きかける力」「人々と連携する力」「ソーシャルワークを伝達する力」を身につけるための基盤となるものである。

❷ 実習日誌（図3-3）

　実習日誌は，実習課題の達成に向けて「Plan → Do → Check・Study → Act」（以下「PDCSAサイクル」）をらせん状に展開するツールである。また，実習指導者や実習担当教員のスーパービジョンを受けるための材料となる。書式は概ね，本日の目標欄，実習内容を時系列に記述する欄，本日の目標の達成度について自己評価を記述する欄，本日の目標にかかわるいくつかのトピックについて実習内容を詳細にふりかえりながら考察を記述する欄，ふりかえりと考察をふまえて今後の学習課題を記述する欄，実習指導者がコメントを記入する欄で構成される。

　「本日の目標」欄には，その日の実習で到達をめざす目標を記入する。あなたは実習計画として，自分がめざす目標とその到達に向けてクリアすべきいくつかの課題をもっている。「実習プログラム」というコートの上でそれらの課題を達成するために，毎日「本日の目標」というステップを設けて取り組むのが，実習の「PDCSAサイクル」である。実習プログラムに基づき予定されている活動をふまえ，自分の立てた実習計画（実習目標と課題）の達成に向かう具体的な小目標を設定する（Plan）。何をするのかという行動予定ではなく，「○○ができるようになる」という目標提示が重要である。

　1日の実習を終えたら，まず「実習日課，実習内容」欄に実習生としての活動内容を記入する。ここには，「実習生が見たこと，聞いたこと，行ったこと」「実習生が観察した職員，クライエント（利用者）の言動」「実習生とクライエント（利用者）のやりとり」などの事実を，時系列に書くことになる（「Do」の記録）。

　次に，「本日の目標の達成度」を記入する。「○○ができるようになる」という目標に対して「できた」「できなかった」だけでなく，「なぜできたのか，できなかったのか」理由も記述する

PDCSAサイクル
「PDCAサイクル」は，生産管理や品質管理の手法の一つとして企業等に普及している。Plan（計画）→ Do（実行）→ Check（点検・評価）→ Act（改善）の4段階を繰り返すことで継続的に業務改善を行うが，Checkの段階をStudy（研究）に置き換えて，単なる点検でなく研究・検討が必要との考え方もある。実習の場合は，当日の目標達成・未達成の度合いを裏づける実習内容のふりかえりと分析が次の日の課題につながる。このテキストでは，PDCAサイクルにStudyの段階を含める「PDCSAサイクル」を，実習における学びのサイクルとして提示する。

図3-3 実習日誌の書式と書き方の基本

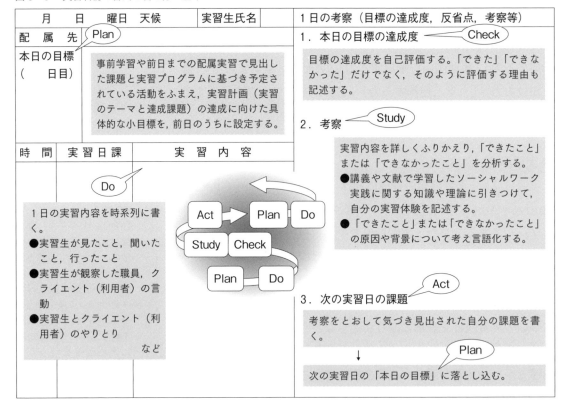

（Check）。
　「考察」欄では，本日の目標の達成あるいは未達成にかかわる実習内容を詳しくふりかえり，「できたこと」または「できなかったこと」を分析する。考察で求められるのは，実習生としての自分が，何を目標に，何を考えながら（意図して），どのようなことに取り組み，結果として何を得たか，できるようになったのかという，自分自身のふりかえりを言語化することである。講義や文献で学習したソーシャルワーク実践に関する知識や理論に引きつけて，「できたこと」または「できなかったこと」の原因や背景について考え，自分の実習体験を記述する（Study）。
　「できなかったこと」をふりかえり，その問題点を分析することで，自分の課題が明らかになることが多い。だが，「できたこと」を後で詳細にふりかえると，足りない部分や改善すべき点に気づくことがある。このようにして気づき見出された自分の課題を「次の実習日の課題」欄に記入する（Act）。これをふまえて次の実習日の目標を設定し，「本日の目標」欄に記入することになる

(Plan)。

　実習日誌は，実習の体験内容，ふりかえり，気づき，学びを記述することで言語化するツールである。これを毎日書き記すことで，自分の事中学習の経過をふりかえる道具を作成することができる。さらに，日誌を読み返して一つひとつの体験や学びをふりかえることで，スーパーバイザーに具体的な報告や質問，相談をすることができ，的確な助言や指導を引き出すことができる。

　実習日誌を作成することで，「ソーシャルワークの基礎的な七つの力」であるところの「ソーシャルワークを伝達する力」「自らの実践をふりかえる力」を身につけることができる。また，自分自身を客観視し，省察することで得られた気づきや学びが，「人々との関係を形成する力」「援助関係を形成する力」「アセスメントする力」「働きかける力」「人々と連携する力」を育てることになる。1日の実習を終えて日誌を毎日書き続けるのはたいへんだが，「PDCSAサイクル」をまわして学ぶことを意識しながら取り組もう。

2　実習中の健康管理と社会人としての行動

(1) 健康管理・安全確保の必要と具体的な行動を理解して実行できるようにする

❶ 健康管理

　ここでは，実習生が健康管理に努めなければならない理由を考えよう。

　一つは，利用者の健康と安全を守るためである。これは，利用者の生活の質を左右することである。実習施設の利用者には，病気の原因となる細菌やウイルスに対する免疫力の弱い方々が多い。福祉サービスを提供する施設や事業所では，感染症予防のため，職員や来訪者が施設内に病原体を持ち込むことのないよう，また利用者間での感染症拡大を防止するよう対策が講じられている。したがって，実習生も自分自身の健康管理を通して，感染症予防に努めなければならない。

　体調を崩して利用者と接触することは，適切な判断ができずに

利用者に不利益をもたらし，怪我をさせてしまうおそれもある。利用者の健康と安全を脅かす事態は，利用者のQOLを低下させる。そのことは，地域の人々の事業所に対する評判にも影響を与える。短い期間ではあるが実習生は職員に準ずる立場である，という意識をもって実習に臨もう。

　もう一つは，万全の体調で実習に臨むためである。実習生は，自分自身の身体が備える感覚（視覚，聴覚，触覚，嗅覚など）を総動員して利用者，職員，組織などの動きをとらえ，心と身体をかかわらせて考え，学びを深めていく。このような学習活動を十分に行うためには，自分の健康状態を良好に保つ必要がある。

　では，健康管理は具体的にどのように行動すればよいのだろうか。①十分な睡眠時間を確保する，②規則正しい食事で栄養をとる，③こまめに手洗い・うがいをする，等は基本的なことである。記録作成などの課題をこなそうと睡眠時間を削ると，疲労がたまり体調を崩しやすい。実習中は，ふだんとは異なる生活を送ることになる。自分の身体と心の状態に注意を払いながら，1日の時間管理や休日のすごし方も含めて，セルフ・マネジメントできるようにしよう。これができることは「人々との関係を形成する力」「援助関係を形成する力」の下地となるもので，きわめて重要である。

　自分の体調が悪い場合は，実習指導者に連絡，相談しなければならない。たとえば，朝から頭痛と発熱があるけれども実習できないほどの自覚症状ではない，という場合であっても，実習指導者に当日の出欠について判断を仰ぐ。それは，利用者への感染に対するリスクマネジメントが必要だからである。また，利用者とのかかわり場面で対応に困ったときは，実習指導者または近くにいる職員に報告し，判断を求める。

❷ 安全確保

　次に，安全確保の行動について考えてみる。ふだんの生活では何が安全で何が危険であるか，あなた自身の知識と経験に基づいて判断し，危険を回避することができるだろう。では，実習先ではどうだろうか。高齢者施設や児童福祉施設で実習する場合，要介護高齢者や幼い子どもの安全確保・危険回避について，あなたがもっている判断のものさしだけで十分だろうか。利用者個々の

リスクマネジメント
→科目「福祉サービスの組織と経営」の学習内容

特性や生活環境についての知識や経験の少ない実習生が，実習先の規則や実習指導者から出される指示・禁止事項を守ることは，リスクマネジメントの基本であると考えよう。スーパービジョンには三つの機能（管理的機能，教育的機能，支持的機能）があるが，実習生に与えられる指示・禁止事項は，スーパービジョンの管理的機能から発せられるものである。そのことを理解して指示に従うことは，スーパーバイジーとしての実習生の役割である。

スーパービジョンの三つの機能
→科目「相談援助の理論と方法」の学習内容

　たとえば，老人デイサービスセンターでの実習中，ある利用者が椅子から立ち上がろうとしているところに居合わせた。トイレに行きたいのだと言う。この方は歩行に介助が必要だと職員から聞いているが，自分で行けるから職員は呼ばなくていいと言う。自分で行けるとおっしゃっているのだから見守ればよいのか，止めたほうがよいのか困った。実習生がこのように困るのは，この方の機能障害やADLに関する十分な知識や経験がないためである。このような場合は，利用者にしばらく待っていただき職員を呼んで判断を仰ぐか，対応を代わってもらうようにする。

機能障害・ADL
→科目「人体の構造と機能及び疾病」の学習内容

　安全確保の行動判断については，判断を要する状況について多角的な知識や情報をもとに分析する「アセスメントする力」と，危険回避に必要な協力を求める「人々と連携する力」が必要となる。また，事態に直面している自分自身の知識や情報量，戸惑いや動揺を自覚しながら，今ここで適切な行動のとれる「自らの実践をふりかえる力」が問われることとなる。

（2）社会人に求められる行動の目的を理解して実行できるようにする

　社会人経験がないので教えてもらわないとわからない，という人がいるかもしれないが，想像力を働かせてみよう。利用者，職員など実習施設の人々との関係を築くために，どのような行動が必要かを自分で考えながら取り組むことは，ソーシャルワーク実践のための基礎的な力，なかでも「人々との関係を形成する力」「アセスメントする力」「人々と連携する力」「自らの実践をふりかえる力」を身につける大切な「実習」である。初めて実習施設の職場に加わり，組織の一員としてさまざまな人々とかかわりながら，そこでの仕事について学ばせてもらおうとするとき，あなたはどのようなことに気をつける必要があるだろうか。

利用者を取り巻く環境
→序章第2節③参照

❶ あいさつ

　まずは，利用者や職員に気持ちよくあいさつすることから始めよう。Aさんとのあいさつから会話が始まれば，それはAさんとの関係づくりの出発点となる。あいさつの仕方やそのあとに続けて会話を展開する方法を工夫してみよう。実習生の存在は，利用者を取り巻く環境の一部である。実習施設の方々に実習生としての自分を認識してもらい，利用者の生活の場になじんでいこう。日々のあいさつや会話に個別の気配りをすることで，利用者を理解して支援するために必要な「人々との関係を形成する力」「アセスメントする力」を身につけていこう。

❷ 身だしなみ

　実習生は，感染症予防や事故防止のために，清潔で乱れのない服装で実習に臨む必要がある。また，活動しやすく，利用者や職員に不快感を与えない服装，髪型，化粧が求められる。見た目の印象は，言葉以上に相手にインパクトを与えるといわれる。

　身だしなみは，「人々との関係を形成する力」を構成する要素である。自分のふだんの服装やアクセサリー，髪型，化粧の仕方について，私はなぜそのような身なりを好むのか，私の身なりは周囲の人にどのような印象を与えるかをふりかえってみよう。そして，実習施設の雰囲気になじみ，実習生の役割を果たすにはどのような装いが望ましいかを考えよう。これは，自分の行動や考え方の傾向，価値観などに気づき，それをコントロールして適切な実践につなぐことのできる「自らの実践をふりかえる力」を身につける機会となる。実習生は，短期であっても実習施設の組織の一員であり，利用者の生活の場を構成することを忘れないようにしよう。

❸ 連絡・報告・相談

　連絡・報告・相談は，どのような理由で，どのような事柄について必要となるのだろうか。まずは，理由から考えてみよう。実習先となる職場では，複数の職員がそれぞれの役割をもち，あるいは業務を分担して，必要な情報を共有しながら働いている。一日の始めにミーティングが行われ，当日の職員配置や業務分担が確認され，利用者の心身状態など業務に必要な情報が共有される。

また，職員が一人で業務上の問題を抱え込むのでなく，同僚や上司に相談することが求められる。「チームワーク」を基本とする職場での連絡・報告・相談という行動は，組織の一員である実習生にも要求されることを確認しておきたい。連絡・報告・相談の必要性を理解して行動することで，利用者の支援のために専門職・関係者との連携を調整する力，「人々と連携する力」の基盤をつくることができる。

　次に，連絡・報告・相談すべき事柄について考えてみよう。不慮の事態が生じて遅刻する場合，体調不良等で欠勤する場合は，その日の職員配置や業務分担にかかわる事柄であるので，出勤時刻前に実習施設に理由も含めて連絡する必要がある。また，実習中に利用者の様子がいつもと異なっていたり，気になる言動が見られた場合は，実習指導者や近くにいる職員に報告することで，利用者の情報を共有できる。一方，利用者理解を深めるうえで，限られた実習期間のかかわりだけでは得られにくい情報があるだろう。利用者との援助関係において，かかわり方に悩むこともあるかもしれない。そのような場合は，実習指導者に質問や相談をすることで，利用者理解のヒントを得ることができるだろう。

　実習指導者への連絡・報告・相談は，実習スーパービジョンの観点から，実習生に求められるスーパーバイジーとしての責務であることを理解しよう。

チームワーク
→科目「福祉サービスの組織と経営」の学習内容

プロセスレコード
――利用者とのかかわり場面をふりかえる

この場面をとりあげた理由	
この場面の簡単な状況説明	
この場面に登場する利用者の概況	

利用者のことば，行動	利用者のことばや行動に対する自分の見立て，判断，感情	自分のことば，行動

このやりとりをふりかえって感じたこと，考えたこと，気づいたこと

実習日誌

月　　　日　　曜日　天候	実習生氏名	
配　属　先		
本日の目標 （　　　日目）		

時　間	実　習　日　課	実　習　内　容

1日の考察（目標の達成度，反省点，考察等）
1．本日の目標の達成度
2．考察
3．次の実習日の課題

実習指導者のコメント	指導者印	

第2節 利用者の生活を支援する実習施設の役割・機能を説明できる（職場実習）

いよいよ配属実習が始まる。まずは，実習の第一段階としての職場実習である。これからの学びの場となる実習施設に身を置き，さまざまな関係を通じて実践的な学びの第一歩を踏み出す段階である。

1 実習目標

　この段階での実習目標は，「利用者の生活を支援する実習施設の役割・機能を説明できる」ようになることである。実習の最終段階で，個人や地域に対する支援計画を立てることができるようになるために，まずは，実習施設の全体像を理解することから始めよう。実習施設は，利用者の生活の場であり，利用者をとりまく環境であり，ソーシャルワークが展開される場である。そこで，自分自身が実習生としてソーシャルワークを学び，試行する場となる実習施設が，どのような場であるのかを，実習施設の役割や機能に着目して理解を進める。なぜなら，配属実習中は，実習生といえどもその実習施設でソーシャルワーク実践を担う（学ぶ）立場にあり，実習施設の理念や職務規定にそった行動が求められ，それが他の職種と連携して利用者の生活を支援することの基礎になるからである。

　ここでの実習施設の役割や機能の理解のなかには，運営主体である法人の理念，実習施設の理念や運営方針，組織や職員構成と意思決定過程，事業内容，利用者の特徴などの実習施設内の情報の理解と，実習施設の所在する地域社会の状況や実習施設と地域社会との関係の理解が含まれる。これらの理解をとおして，利用者に対する役割・機能と地域住民や地域社会に対する役割・機能を考察することが求められる。

　そして，この段階のふりかえりでは，理解したことが十分かつ

実習施設
このテキストでいう実習施設は，実習先となる個別の施設・機関・事業所を指す場合と，運営主体である法人等を含む場合とがある。

適切であるかを実習指導者と一緒にふりかえり，理解した内容を説明することができるかどうかで達成度を明確にしていこう。

2 実習プログラム

　職場実習では，主として，①資料等を閲覧する，②説明を受ける，③会議等に参加する，④利用者とのコミュニケーションをとる，⑤実習施設や地域の行事に参加する，などの体験が中心となる。

(1) 実習施設の概要の理解

　まず，実習施設についての情報を得て，その内容を理解する。❶実習施設の種別等に関する法的根拠・関連制度，❷法人や実習施設の理念・運営方針，❸組織体系や職員配置，❹事業内容（年間事業計画や財政状況等を含む），などは，事前訪問の段階で説明を受けたり，資料の提示を受けたりして，実習施設の概要として整理してきたことと重なる部分も多い。それらの事柄について，実習開始直後のオリエンテーションなどとして説明を受けるが，説明から理解した内容と事前学習の内容との突合せをしていこう。これらは，どのような枠組みのなかで誰のため何のためにソーシャルワークが行われているのかを理解することである。これにより，実習が個人的な見たい，知りたいという興味関心を満たすためのものでなく，ソーシャルワーク実践の現場における職員に準ずるさまざまなルールや仕組みのなかで，専門職として期待されていることを学びとるという，実習生としての自分自身のあり方を明確にすることができるだろう。

(2) 利用者に関する理解

　❺利用者の特徴の理解については，利用者の全体像として年齢層や男女比，要介護度や障害支援区分などのデータの読み解きをする。また，個々の利用者理解の入口として，直接的なコミュニ

理念・運営方針
→科目「福祉サービスの組織と経営」の学習内容

事前訪問
→第2章第3節 ③ 参照

実習施設の概要
→第2章第2節 ② 参照

ケーションをとおして，個々の利用者のコミュニケーション特性等を理解することが考えられる。具体的な支援の実施には至らないが，意図的な関係を結ぶことの第一歩の取り組みが，この段階から始まるのである。

（3）組織や専門職の理解

　さらに，❻職種ごとの業務・専門性の理解については，職員配置や業務分掌の説明を受けるだけでなく，各職種の業務場面を見せてもらったり，各種会議やカンファレンス等に参加したりすることによって，職種ごとの専門性に基づく業務分担等を見聞きしながら整理する。各職種の担っている業務内容を理解することとあわせて，職種ごとの利用者理解の方法の共通点や相違点を見出し，それらを通して，各職種が配置されている意義や多職種によるチームアプローチの方法を考察する。そのことが，各職種の専門性に目を向けることであり，職種実習以降に，他職種との比較を通してソーシャルワーク専門職の特性を理解することにつながっていく大切なプロセスだからである。

　また，各種会議の説明を受けたり，各種会議に参加したりすることによって，❼実習施設における意思決定過程の理解や，❽行事等の目的や運営方法の理解を進めていこう。

> **職種**
> 職種の呼称は，実習施設によっては，法令上の職種名でなく独自の呼称を用いる場合がある。その場合でも，それぞれが，法令上のどの職種に相当するのかを整理・理解しておこう。

（4）地域における実習施設の理解

　さらに，今日の社会福祉施設は，施設内だけで利用者の支援が完結するものではなくなっており，地域に対して施設機能を開放したり，地域住民・地域社会に対する働きかけ（情報の発信を含む）を行ったりしている。これらの説明を受けることや実践の場に同行することを通じて，❾法人または実習施設による地域への働きかけの必要性と方法の理解を深める。また，実習期間中に近隣地域に向けた行事や地域住民が実習施設を訪れる行事等が行われる場合も少なくない。それらの❿地域行事の意義の理解を，行事やその準備，準備のための会議等に参加することによって進めていく。

> **地域住民・地域社会に対する働きかけ**
> →科目「地域福祉の理論と方法」の学習内容

3 実習内容とワークシートの活用方法

　職場実習における実習目標は,「利用者の生活を支援する実習施設の役割・機能を説明できる」ようになることである。ここでいう役割や機能は,説明を受けて文字通りに覚えればよいというものではない。実習プログラムで示された具体的な項目について得た情報,理解した事柄を総合して考察したうえで見出していくことになる。つまり,この段階では,実習施設に対するアセスメントを実施することが主たる実習内容であるといえる。広義のアセスメントを行うために,職場実習では,ワークシートを活用しながら学びを深めていこう。

（1）実習施設の概要の理解のために

　前項で挙げた❶〜❹を理解するために,事前学習で整理した実習施設の概要についての知識を活用しよう。実習開始後,事前訪問の時点では不十分であった部分について,新たに理解した事柄を補っていこう。また,❷,❸については,「ワークシート1」を活用しよう。ワークシート1－①の中央に法人の理念,実習施設の設置目的と運営方針を置き,配属されている職種を周りに配してみよう。そうすることにより,組織としてのミッションがあって各職種の業務内容が分担されているという位置づけが,イメージできるだろう。ワークシートの記入の際には,各職種がミッションのどの部分を担っているのか,組織のミッションが各職種のどのような業務によって実現されているのかを考えながら情報を整理しよう。

　これらの項目に関しては,実習指導者をはじめとする職員からの説明を受けることや,さまざまな職種の業務を見たり聞いたりする取り組みが中心となる。その場合でも,受動的に説明を待つのではなく,事前学習での疑問点や質問を整理しておき,機会を逃さずに質問したり,職員に説明を求めたりして,自分から学びの関係づくりに努めよう。この段階では,初めて身を置く場所で,実習生として職員等との良好な関係を取り結んで,学びの場を広

広義のアセスメント
アセスメントは,個を対象にしたものというイメージが強いが,それだけではない。家族や組織,地域を対象にするアセスメントもあり,本テキストでは,対象に対する情報収集と分析・考察を広くアセスメントと位置づける。

❶〜❹
→p.98参照

実習施設の概要
→第2章第2節②参照

ワークシート1
→p.103に掲載

げていくことが大切であり，とくに「人々との関係を形成する力」が問われることになる。また，必要な情報を受け取り，整理・分析して考察につなげていくことをとおして，「アセスメントする力」が鍛えられていく。

> **人々との関係を形成する力**
> →序章第3節②参照
>
> **アセスメントする力**
> →序章第3節②参照

（2）利用者に関する理解のために

　実習施設の利用者の全体像は，施設や事業所の場合には利用者の年齢構成や要介護度，障害支援区分などのデータ，行政機関や社会福祉協議会等であれば地域の人口統計や福祉サービスに関する統計など，提示を受けた各種のデータを整理していく。全国や当該都道府県のデータとの対比によって，地域社会や実習施設に際立った特徴が見出せる場合もあり，それらが実習施設の事業等にどのように影響・反映されているかをつかんでいくことも有益だろう。この取り組みは，利用者が解決すべきものとして有している一般的な生活課題を類推するうえでも大いに役立つほか，ソーシャルワーク実習における利用者のニーズや課題抽出の手がかりとなる。

　また，実習開始当初は，利用者とコミュニケーションをとるという体験がプログラムとして予定されることが多い。はじめて出会う人と，どのような会話をすればよいのか，会話が成り立たない場合にはどうすればよいのかなど，戸惑いながら利用者との直接的な関係づくりを始める段階である。職種実習以降の利用者のニーズ把握やアセスメント面接などにつなげていくためにも，個々の利用者のコミュニケーション特性をつかみ，伝えることができる，受け止めることができるコミュニケーションをめざそう。そうしたコミュニケーションができるようになるためには，どのようなかかわり方を意識したのか，コミュニケーション上の工夫はどのようなものであったかのふりかえりを重ねることが大切になる。このとき，利用者の言葉や行動と自分自身の言葉や行動をふりかえるツールとして，プロセスレコードを活用し，実習中のコミュニケーションを常に意識的なものにしていくとよいだろう。ここでは，利用者のコミュニケーション特性を理解するだけでなく，対人関係における自分のコミュニケーション特性にも気づいていけるようにしたい。利用者や地域の人びとに直接的・具

> **コミュニケーション特性**
> 障害や年齢等により，特定のコミュニケーション手段が制約されたり，不得意であったり，個々のコミュニケーションのとり方には個別性がある。その個別の特性を，発信と受信の両面で理解することが大切である。
>
> **プロセスレコード**
> →第3章第1節参照

体的な支援を行うことは，この段階では難しいが，「人々と関係を形成する力」に加えて，何のために実習に来て，利用者と関係を築こうとしているのかを意識しながらコミュニケーションを図るという意味からは，「援助関係を形成する力」が問われ，鍛えられる段階である。

（3）組織や専門職の理解のために

❻～❽については，説明を受ける，実際の業務場面を見せてもらう，会議等に参加するという方法をとることが多い。実習施設における会議等は，実習生にとっては新鮮で興味深い内容であり，何が取りあげられているのか，どのような結論が導かれたかに関心がいきがちである。しかし，職場実習で大切なことは，職種ごとの専門性に基づく役割分担とそれぞれの業務を理解すること，どのようなプロセスを経て組織としての意思決定がなされるのかを理解することである。まずは，そのことを念頭に置き，具体的な「本日の目標」に挙げて取り組もう。その際には，事前学習で学習した関連法規や実習施設の組織体系（組織図）と照らし合わせながら，各職種が担っている業務内容とそこで発揮される専門性を見出すことに力を注ごう。そのことが，なぜそれらの職種が必要なのか，チームアプローチとはどのような手順でかたちになっていくのかを考察する第一歩となる。

これらの取り組みは，「人々と連携する力」につながる下地となり，実習施設を組織として理解するための「アセスメントする力」が求められる。（1）で記入したワークシート1−①に情報を加え，各職種の業務を整理し，「役割」を考察していこう。ワークシート1−①を，ミッションを中心として専門性による業務分担が行われていることが可視化できるツールとして活用しよう。さらにワークシート1−②（職員間チームワークの方法）欄には，直接支援の場面での協働だけでなく，支援目標の設定や共有，組織としての意思決定がどのようなプロセスや手続きを経てなされているのかについての理解内容を整理しよう。

援助関係を形成する力
→序章第3節 ② 参照

❻～❽
→ p.99参照

人々と連携する力
→序章第3節 ② 参照

役割
業務内容，専門性そのものではなく，その職種には社会的にどのようなことが期待され，どのような働きでそれに応えているのかという総合的な「役割」を考察から導こう。

ワークシート1 記入のポイント
——実習施設の職員体制について

① 実習施設の理念を具体化する職員体制

職種：	職種：	職種：
業務と役割	業務と役割	業務と役割

- ●実習施設に配置されている職種を，正式な名称で記入する。
- ●各職種が担っている業務内容を整理する。
- ●法人や実習施設全体の中で，各職種がどのような役割を担っているのかを考察して記入する。

職種：	法人の理念	職種：
業務と役割	実習施設の設置目的と運営方針	業務と役割

職種：	職種：	職種：
業務と役割	業務と役割	業務と役割

② 職員間チームワークの方法

- ●法人や実習施設の意思決定がどのようなプロセスや手続きで行われているかを整理する（各種委員会や会議等）。
- ●利用者の支援にあたって，支援目標等の共有がどのような場で，どのような方法で行われているのかを整理する。
- ●職員間の連携がどのような場で，どのような方法で行われているのかを整理する。

(4) 地域における実習施設の理解のために

❾は，実習施設が地域住民や地域社会に対して行っている取り組みの説明を受けたり，たとえば，町内会・自治会の役員との会合や地域懇談会，地域行事への参加などのように実際に地域に出向いたりする。ここでも何が行われているかということが最重要なのではなく，どのような経緯で取り組みが始められたのか，なぜそれが必要（重要）なのか，どのような方法で実施されているのかに着目しよう。実習施設が所在する地域社会と実習先の法人や各施設との関係は，自然発生的なものではない。これらの着眼点をもつことと，事前学習等で学んだ法人や実習施設の沿革を重ね合わせることで，その地域社会における実習施設の存在意義を考察することにもつながる。自分自身がその業務を担当することを想定して，臨場感ある学びを進めよう。

また，❿の近隣地域に向けた行事や地域住民が実習施設を訪れる行事等についても，当日の様子がどうであるかだけでなく，準備段階を含むプロセスを学び，利用者，地域の人々，実習先の法人や施設それぞれにとっての地域行事の意義を複眼的に考察できるようにしよう。

ここでも，地域の人々等との出会いを通じて，「人々との関係を形成する力」，さまざまな取り組みがどのような意義をもつものであるかを明らかにするなど「アセスメントする力」が求められる。これらの力は，ソーシャルワークとしての「働きかける力」や「人々と連携する力」を支える基礎的な力であるといえるだろう。

働きかける力
→序章第3節②参照

4 ふりかえりの方法とポイント

(1) 実習日誌の書き方

実習日誌の書き方
→第3章第1節①参照

職場実習における実習日誌は，「利用者の生活を支援する実習施設の役割・機能を説明できる」という目標に向かって，どのようなことに取り組み，結果何をどの程度理解したかを記録するこ

とになる。この段階では，プログラムの展開上，見る，聞くという学び方が中心となるため，実習日誌も見たこと，聞いたことの記録になりがちであるが，実習施設の役割・機能を説明できるようになっていくプロセスの記録であることが第一である。物事を説明できるためには，その対象の十分な理解が必要であり，求められる説明は実習施設の役割・機能である。それは，データや事業内容，職員の業務内容などの客観的な情報を整理・分析して考察した結果として見出していくものである。実習の初期には，事業や職員の業務内容を理解することがその日の実習の目標になるだろうが，実習の進行に合わせて，理解した内容や集めた情報を整理して考察した内容を言語化することを目標とし，実習日誌に考察のプロセスと根拠，結果を記入していくことにしよう。説明を受けたことをそのまま「〜〜と学んだ」「○○がわかった」とするのではなく，説明をふまえて考察した結果としての「役割や機能」を説明するつもりで記録することがポイントとなる。

実習の目標
実習日誌の最初の欄の「本日の目標」に記入する目標。その日1日で達成をめざす小目標となる。
→第3章第1節 1 参照

（2）スーパービジョンによるふりかえり

配属実習中は，実習指導者によるスーパービジョンと，巡回指導を通じた養成校からのスーパービジョンが行われる。第1章第3節で学んできた，二重のスーパービジョンのもとで実習に取り組み，ふりかえりをし，学びを深めていく。

職場実習段階の実習指導者によるスーパービジョンでは，実習施設に関する理解が正しくなされているかどうかという確認とあわせて，実習生として実習施設の環境にスムーズに入ることができているかどうかのふりかえりが中心となる。理解についてのふりかえりでは，実習生が実習指導者に説明をすることなどを通じて，理解内容とレベルが確かめられる。しかし，実習指導者の関心は，理解内容だけでなく，理解のプロセスにあるといっていいだろう。つまり，実習施設についての理解を深めるプロセスにおいて，実習生として職員や利用者に受け入れられる関係をつくることができているかどうか，他者との関係のなかに能動的に入っていくことができているかどうかという観点でのふりかえりである。ソーシャルワークの基礎的な七つの力で言い換えれば，「人々との関係を形成する力」や「人々と連携する力」が，実習生にど

ソーシャルワークの基礎的な七つの力
→序章第3節 1 参照

のように自覚され，具体的な取り組みとして表出されているかということである。実習指導者は，あなたが実習生としての学び方をわかっているか，コミュニケーションについてどの程度の力をもっているかを見立て，これ以降の指導方針に反映させようとしてくださっている。この段階は，実習施設の具体的な人々との関係のなかで学びを始めたばかりであり，毎日の出来事の一つひとつに揺れ動きがちであるが，何をできるようになることが目標なのかを念頭に置き，最も身近な存在である実習指導者の力を借りながら，実習生としてのスタイルを作り上げていこう。

　巡回指導におけるスーパービジョンも，実習先へのスムーズな入り方ができているかを確認しながら展開する。実習指導者によるスーパービジョンとの違いは，実習前に養成校で学んできたことと実習中の出来事を結びつけることに主眼を置くという点にある。たとえば，忙しそうな職員の様子から，人員が足りないと感じていることを話した場合，実習担当教員は事前学習で調べた法令上の職員配置基準や実習施設の組織図を想起し，それが法令違反なのか，法令を守ってもなお人員が不足しているように感じられるのか，それはなぜなのかを考えるようにアドバイスするだろう。また，実習の初期には，多くの実習生が実習日誌の書き方に迷うものである。巡回指導では，実習生と実習担当教員が実習日誌を読み返し，書き方をふりかえる。初期段階の巡回指導における実習日誌のふりかえりは，実習日誌が「本日の目標」に即して「達成度」とその根拠となる「考察」および「次の実習日への課題」というPDCSAサイクルで書かれているか，考察の根拠として授業や事前学習で学んできた事柄をどのように活用しているかという観点でのふりかえりである。

　いずれのスーパービジョンにおいても，実習生が何を学んだかということ以上に，どのように学んだかにポイントが置かれる。それは，実習の入口であるこの段階で，スーパービジョンの受け方やスーパーバイジーとしての態度を身につけ，スーパービジョンを十分に活用した実習をしてほしいからである。したがって，スーパーバイジーとしての実習生に求められることは，自分自身の実践を言語化してスーパーバイザーに伝えることである。どのような意図で，何をどのようにしたのか，その結果がどのようなもので，それをどう意味づけるのかという報告が，スーパーバイ

巡回指導
実習中に養成校の教員が実習施設を訪問（巡回）して行うスーパービジョン。実習期間中に，実習生が養成校に戻ってスーパービジョンを受ける帰校日指導が行われることもある。

PDCSAサイクル
→第3章第1節①(3)参照

ザーから多くのことを引き出す材料となる。目のつけどころとしての意図の適切さ，方法・技術の適切さ，結果の意味づけや考察が適切であるかどうかなどについて，スーパーバイザーとスーパーバイジー双方のやりとりが可能になるからである。

　この段階では，スーパービジョンを活用しながら，職員や利用者・地域の人々から，実習生として受け入れてもらえる関係を作っていくことと，PDCSAサイクルを意識した記録の作成やスーパービジョンの受け方などの実習スタイルを作っていくことがポイントとなる。利用者に対して具体的に何かができるようになるということよりも，まずは「利用者の生活を支援する実習施設の役割・機能を説明できる」という目標達成の取り組みを通して，実習生としてその場にいることの意味づけを明確にしていくことがなにより重要である。

第3章　第2節のチェックポイント

- あなたが達成できた項目にチェックを入れよう。
- 達成できた・できなかった理由を説明してみよう。
- チェックポイントの内容が理解できない場合は，該当の本文を再度読んで理解しよう。

....

【本節での到達目標】
利用者の生活を支援する実習施設の役割・機能を説明できる（職場実習）

☐1 職員との良好な関係を通じて実習施設に関する情報収集ができた。

☐2 事前学習で整理してきた実習施設の概要と実習開始後の情報を照合することができた。

☐3 実習施設に関する情報を分析して，実習施設の役割・機能を説明することができた。

☐4 PDCSAサイクルを意識した実習日誌の書き方が実践できている。

ワークシート１
──実習施設の職員体制について

① 実習施設の理念を具体化する職員体制

職種：	職種：	職種：
業務と役割	業務と役割	業務と役割

職種：	**法人の理念**	職種：
業務と役割	施設の設置目的と運営方針	業務と役割

職種：	職種：	職種：
業務と役割	業務と役割	業務と役割

② 職員間チームワークの方法

第2節　利用者の生活を支援する実習施設の役割・機能を説明できる（職場実習）

第3節 利用者の生活を支援する相談員の役割を説明できる（職種実習）

この節でいう「相談員」とは，人々の生活を支援する「ソーシャルワーカーとしての相談員」のことを指す。職種実習では，職場実習で学んだ実習施設の役割・機能をふまえて相談員の業務を理解し，その役割を説明できるようにしよう。

実習施設の役割・機能
→第3章第2節参照

1 実習目標

実習施設においてソーシャルワークを担う職員の職種名は，実習先の施設種別により生活相談員，生活支援員，児童指導員等，さまざまな呼称が存在する。この節においては，ソーシャルワークを担う職種を「相談員」と呼ぶ。相談員は，ソーシャルワークの視点をもって，生活問題を抱える人々（利用者）に，日々の業務を通して直接的・間接的にかかわっており，人々の生活課題をアセスメントし，支援計画を立てて実践する。

「職種実習」においては，ソーシャルワーカーとしての相談員の日々の業務を知ることそのものが中心課題ではない。相談員業務の体験を通して，「相談員の役割（社会的ミッション）」を考察し，説明できるようになることが目標である。相談員の役割とは何かを考察し言語化することで，ソーシャルワークの視点や価値について理解を深めよう。

ソーシャルワークを担う職種
→科目「相談援助の基盤と専門職」の学習内容

ソーシャルワークの視点
→序章第2節③参照

2 実習プログラム

職種実習においては，事前学習による知識と，「職場実習」における学びをふまえ，相談員業務の全体像と役割について理解す

ることが求められる。

相談員業務の全体像については，相談員の日課への同行，会議への同席，記録の閲覧，記録書式や情報整理の方法の説明を受けることをとおして知ることができる。たとえば，老人デイサービスセンターで実習する場合であれば，送迎への同行，利用者や家族との面接場面への同席，利用者への日常的なかかわり場面の見学・体験，ケース記録・アセスメント・通所介護計画で使われる書式の説明を受けるなどである。

このような実習プログラムをとおして利用者や家族とかかわる業務や，居宅介護支援事業所，地域包括支援センター，病院，社会福祉協議会，地域の民生委員，自治体の行政機関などの，利用者支援に必要なさまざまな地域の社会資源とのつながりにかかる業務を学ぶことになる。

会議
→第3章第2節参照

3 実習内容とワークシートの活用方法

(1) 相談員の業務について

相談員の業務の記録等の閲覧や，相談員の業務への同行・同席をとおして，実習施設の相談員が実践している具体的な業務の内容を理解する。相談員の業務についてはワークシート2-③を活用して整理しよう。相談員のある日の業務に同行したり，業務の概要について話を聞いて，ワークシートに記入するとよい。

実習施設の相談員が担当している業務については，ソーシャルワークの専門性が活かされる業務のみならず，それ以外の業務も含まれる。たとえば，老人デイサービスセンターの室内清掃など，物理的な環境整備やレクリエーションに必要な物品の購入等，一見ソーシャルワーク実践に関係するようには考えられない業務もあるが，これらは利用者の生活環境を整えるための支援，活動への参加促進につながる支援の意味をもつ。

したがって，「職種実習」は，ソーシャルワークの周辺業務も含めたさまざまな相談員業務の一つひとつが向かうところ（目的）について理解する，という意識をもって取り組もう。

(2) 相談員による情報収集の方法

　実習指導者の業務に同行したり，情報収集の方法について話を聞くことで，利用者に関する情報や地域の社会資源に関するどのような情報を，どのような方法で得ているかを知ることができる。また，情報収集の方法を知ることで，相談員が利用者や家族，地域の社会資源とどのような方法でかかわっているのかを学ぶことができる。

　たとえば，老人デイサービスセンターの実習では，実習施設の日課に沿った食事や入浴等の介助や，レクリエーション活動における利用者とのかかわり，フロアでの会話などをとおした生活場面面接の実際を知ることができる。そこでは，利用者の心身の状態の観察や，何気ない会話を通して日々の生活状況，家族との関係についての聞きとりが行われている。また，利用者の送迎や家庭訪問を通して，住居や家族の状況を把握することができる。サービス担当者会議に出席することで，他機関・他職種のもつ情報をどのように共有しているかを知ることができる。

(3) 地域の他事業所・機関との連携協力

　実習施設はその役割・機能のもとで，地域のさまざまな事業所や機関・団体と連携している。ソーシャルワーク実践では，利用者の地域生活や社会参加を促進するために，活用できる社会資源に目を向けることが重要である。連携協力している地域の他事業所や機関・団体についてワークシート3−⑤を用いて整理しよう。たとえば，B老人デイサービスセンターの場合は，地域包括支援センターや居宅介護支援事業所，病院・診療所などの介護・医療の専門機関のほか，利用者のレクリエーションに必要な物品を調達する商店や，利用者の書や絵を指導するボランティアの講師，利用者が製作した書画や手芸品を出品する展示会の主催団体などと連携協力している。これらの社会資源と連携することで，利用者のレクリエーションの内容や場所の拡大を図ることが期待できる。

　幅広い社会資源を活用するためには，実習施設の所在する市町村内や，小・中学校区内の社会資源，近隣地域の住民組織やボラ

生活場面面接
援助の意図をもって行うクライエントへの声かけや廊下などでの立ち話，施設の食堂や居室など，クライエントの生活の場で行う面接のこと。

ンティア団体の活動状況について調べる必要がある。このように，情報収集したり，地域に人脈をつくることで，多様な社会資源とつながる機会を得ることができる。また，その資源がどのような利用者に対するどのような支援に有用であるのか，「アセスメントする力」が必要である。連携協力の方法と利用者支援に対する効果について整理し，ワークシート3−⑥に記入しよう。

アセスメントする力
→序章第3節 ②(3)参照

（4）相談員業務の一環としての直接介助について

実習施設においては，ソーシャルワーカーとしての相談員も，直接介助や見守り等の業務を通して利用者とコミュニケーションをとるなかで関係を築いたり，ソーシャルワークの視点から情報収集やアセスメントをすることがある。

たとえば，老人デイサービスセンターにおいて直接介助や見守りなどの業務を見学・体験する場合，利用者の身だしなみや身体の状態から，本人の生活状況や心身機能の状況，経済状況や家庭介護の状況について窺い知れることがある。そのことから，本人の生活に影響を及ぼす要因が見出されれば，ソーシャルワーク実践につなげていく働きかけが必要となる。

（5）利用者の権利擁護および苦情の解決

相談員は，利用者の権利擁護に努める職責があり，施設の利用者やその家族から苦情を受け付ける窓口の役割を担うことが多い。実習において，権利擁護委員会やリスクマネジメント委員会等に同席する機会が得られた場合には，利用者の権利を守るための具体的な取り組みと，そこでの相談員の役割について学ぶことが可能である。また，相談員から苦情対応の事例について話を聞くことで，権利擁護の取り組みにおけるソーシャルワークの価値と態度について考察することができる。

権利擁護
→科目「相談援助の基盤と専門職」「権利擁護と成年後見制度」の学習内容

苦情解決
社会福祉法で，社会福祉事業者は利用者等からの苦情の適切な解決に努めることが定められている。

リスクマネジメント委員会
→科目「福祉サービスの組織と経営」の学習内容

（6）相談員による記録の方法

記録の作成は，相談員の重要な業務である。相談員はさまざまな種類の記録を作成する。

たとえば，老人デイサービスセンターでは，支援サービスを利用している人々の状況や支援プロセスを，ケース記録やアセスメントシート，通所介護計画書に記入する。また実習施設の管理運営にかかわる業務日報，会議録，起案書，報告書なども作成される。

実習では，これらの記録を閲覧したり，記録の書式について説明を受けることになる。実習施設の各職種が作成する記録書式を見ることで，たとえば，介護や看護の専門職の利用者理解の視点とソーシャルワーク専門職の視点を比較して，その共通点や違いを知ることができる。

（7）相談員の役割および「ソーシャルワーカーとしての相談員」が備えるべき価値と態度

ソーシャルワークの価値と態度
→序章第2節 ④ 参照

「職種実習」では，単に実習施設における相談員の業務内容を確認するのではなく，相談員の日々の業務のなかから，相談員の役割を考察し，説明できるようになることをめざしている。そこから，「ソーシャルワーカーとしての相談員」が備えるべき価値と態度とは何かを，ソーシャルワーカーの倫理綱領に照らして考えてみてほしい。

ソーシャルワーカーの倫理綱領
→巻末資料

相談員の業務―役割―価値と態度を整理するために，ワークシート2を活用しよう。

ワークシート2－③にて整理した「相談員の業務内容」から，「相談員の役割」とは何かを考察しワークシート2－④に記述する。相談員は利用者とその家族を支援するために，他職種との関係でどのような位置に立ち，何に対して，どのように働きかけているのかを考えてみよう。ここでは，「職場実習」で学んだ実習施設の役割と機能をふまえ，そこに所属している相談員の果たす役割は何かを記述することになる。

次に，ソーシャルワーカーとしての相談員の備えるべき価値と態度は何かを考える。「相談員の役割」を果たすために，どのようなソーシャルワークの価値を根底におき，それをどのような態度として表現することが必要となるのかを記述しよう。このことの考察と言語化は，ソーシャルワーク実践の基礎的な七つの力の基盤をつくるものである。

ワークシート2 記入のポイント
——ソーシャルワークを担う職種について

③ ソーシャルワークを担う職種の業務

職種名	●実習施設においてソーシャルワークを担う職員の職種名を記入する。

業務内容

●ソーシャルワークを担う職種が行う具体的な業務内容を以下の項目を参考にして整理する。
　(1) 利用者とのかかわり（面接，電話応対，利用者の居宅訪問，送迎，作業・レクリエーション，サークル活動等）
　(2) カンファレンス，会議，研修等
　(3) 利用者の支援プロセスにおけるケース記録，支援計画作成
　(4) 施設の運営・管理と各種報告書，起案書等の書類作成
　(5) 地域の他事業所・機関・その他の社会資源との連携

④ ソーシャルワークを担う職種の役割
　　この職種が備えるソーシャルワークの価値と態度

職種の役割

●上の欄に記入した業務内容から，ソーシャルワークを担う職種の役割について，考察して記述する。
●利用者の直接介助や身体状況の確認等，介護を専門とする他職種などと同様の業務内容がある場合は，ソーシャルワークを担う職種の専門的な視点から役割を考察して記述する。

この職種が備えるソーシャルワークの価値と態度

●ソーシャルワークを担う職種の業務内容から，考察した職種の役割について，その役割を果たすうえで，職種が備えるべきソーシャルワークの価値は何かを考えて記述する。
●ソーシャルワークの価値について，どのような態度として表現することが求められるのかを考えて記述する。

ワークシート３ 記入のポイント
――地域の他事業所・機関との連携協力

⑤ 連携協力関係にある事業所・機関名と連携の目的

連携先：	連携先：	連携先：
目的	目的	目的

- ●実習施設と連携協力関係にある他事業所・機関・団体等の名称と種類（例：医療機関，教育機関，行政機関，民間企業，NPO，住民団体等）について記入する。

- ●実習施設と連携先とが連携協力する目的を記述する。

連携先：		連携先：
目的	実習施設	目的

連携先：	連携先：	連携先：
目的	目的	目的

⑥ 上記事業所・機関との連携の方法と連携協力の効果

- ●ワークシート２－③で整理した相談員の業務内容から，上記の事業所・機関と連携協力している業務を取り上げる。
  - →その業務内容から，どのような方法で連携しているのかを読みとる。または，相談員に質問して話をきく。
  - →連携の具体的な方法を記述する。
  - →事業所や機関との連携が利用者の支援にどのような効果を与えているかを考察して記述する。

4 ふりかえりの方法とポイント

(1) 実習日誌の書き方

「職種実習」の日誌の考察欄には，相談員の業務を知ることをとおして，「相談員の役割」とは何かについて考察した内容を記述する。とくに，「職場実習」を通して理解を深めた実習施設の役割・機能，組織の状況や他職種の役割を踏まえて考察する視点が重要である。そして，相談員がその役割を担ううえで，どのようなソーシャルワークの価値と態度が求められるかを含めて，考察していこう。

たとえば，老人デイサービスセンターでの実習では，利用者の送迎に同行するなかで，「相談員の役割」について考察した内容を記述する。相談員は，利用者が安全に送迎車を乗降できるよう確認する，デイサービスに向かう車中で利用者の心身の状態を把握して，自宅でどのように過ごしていたかを日常的な会話を通して聞きとるなどしていた。この業務をとおして相談員は，利用者が安全に，また安心してデイサービスを利用しながら自宅での生活を送ることができるように，気配りをしていることがわかる。相談員が送迎車に乗り込み，利用者の状況を確認したり，家族との連絡調整をしたりすることで，日々の生活を豊かなものにできるよう，デイサービスセンターとして適切な支援を行うことにつながっているといえる。

このように「相談員の役割」を考えると，相談員には，常に利用者の立場から最善を考える，というソーシャルワークの価値に裏打ちされた態度で利用者とかかわり，所属する組織や地域の人々に働きかけることが求められているといえる。

(2) スーパービジョンによるふりかえり

「職種実習」におけるスーパービジョンでは，相談員業務の実際とそこから考察された「相談員の役割」について，実習生がワークシートや実習日誌に記述した内容を，スーパーバイザーに説明することからはじめよう。

実習日誌
→第3章第1節①(3)参照

スーパービジョン
→第1章第3節②参照

実習日誌に記述した考察内容や，相談員の業務を整理して役割について考察したワークシート2や，実習施設と他の事業所・機関との連携協力の状況を整理したワークシート3を見ながら報告しよう。プロセスレコードを活用して自分がとりあげた生活場面接についてふりかえりをすることで，相談員の利用者とのかかわり方について考察した内容を報告して，助言を受けるのもよいだろう。

> **プロセスレコード**
> →第3章第1節①(3)参照

　実習日誌に対する実習指導者からのコメントは，スーパービジョンであることを意識しよう。コメントの内容をふまえて自分の考察内容をさらに検討し，翌日以降の実習の「本日の目標」の設定につなげる。そして，「ソーシャルワーカーとしての相談員」が備えるべき価値と態度を身につけるために，実習指導者からスーパービジョンを受けるプロセスを大切にしよう。

　このようなふりかえりのプロセスをとおして，「職種実習」で学んだ成果は，「職場実習」での学びと重ね合わせて，「ソーシャルワーク実習」の基盤となる。

第3章　第3節のチェックポイント

- あなたが達成できた項目にチェックを入れよう。
- 達成できた・できなかった理由を説明してみよう。
- チェックポイントの内容が理解できない場合は，該当の本文を再度読んで理解しよう。

【本節での到達目標】
利用者の生活を支援する相談員の役割を説明できる（職場実習）

☐1 職場実習で理解した実習施設の役割・機能のなかで，相談員が果たしている役割を説明できた。

☐2 相談員が備えるべき価値・態度を説明することができた。

☐3 実習指導者によるスーパービジョンを理解し，日々の目標設定やふりかえりに活かしている。

ワークシート 2
──ソーシャルワークを担う職種について

③　ソーシャルワークを担う職種の業務

職　種　名
業務内容（ある日のタイムスタディでもよい）

④　ソーシャルワークを担う職種の役割
　　この職種が備えるソーシャルワークの価値と態度

この職種の役割
この職種が備えるソーシャルワークの価値と態度

ワークシート3
──地域の他事業所・機関との連携協力

⑤ 連携協力関係にある事業所・機関名と連携の目的

連携先：	連携先：	連携先：
目的	目的	目的
連携先： 目的	実習施設	連携先： 目的
連携先：	連携先：	連携先：
目的	目的	目的

⑥ 上記事業所・機関との連携の方法，連携協力の効果

第3節　利用者の生活を支援する 相談員の役割を説明できる（職種実習）

第4節 利用者と環境との関係性を実習指導者等へ説明できる（ソーシャルワーク実習前半：アセスメント）

ソーシャルワーク実習前半は，環境のなかの人についての理解をするために個別援助におけるアセスメントと地域アセスメントを行う。ソーシャルワーク実習の体験をとおして，ソーシャルワークの基礎的実践力としての「アセスメントする力」やソーシャルワーカーの視点を身につけていこう。

環境のなかの人
→序章第2節③参照

アセスメント
→科目「相談援助の理論と方法」の学習内容

1 実習目標

　ソーシャルワーク実習の実習目標は，「利用者と環境との関係性を実習指導者等へ説明できる」ようになることである。ソーシャルワーク実習前半は，実習施設で行われているソーシャルワーク実践の実情を理解して，実習生自らがアセスメントを試行する。実際に利用者と環境との関係性を分析（アセスメント）し，その内容を実習指導者等へ説明できるようになることを目標とする。

　アセスメントとは，ソーシャルワーカーが，支援を必要とする人々と援助関係を形成しながら，ソーシャルワークの価値のもと，利用者のストレングス（強さ・力・長所）に着目しながら，必要な情報を収集して利用者の抱える生活のしづらさを把握し，ニーズ分析をして，支援目標を設定していくソーシャルワークのプロセスである。利用者にとって有効な支援計画が立てられるためには，十分なアセスメントがなされなければならない。そのために，多面的に収集した情報をアセスメントシートを活用して整理し，利用者のニーズ・生活課題を分析するための助けとする。

　そして，アセスメントの内容を実習指導者に説明することで，利用者と環境との関係性についての自分の見立てが適切であるかどうかを，検討しよう。

ソーシャルワークの価値
→序章第2節②(1)参照

ストレングス
→科目「相談援助の理論と方法」の学習内容

2 実習プログラム

(1) 利用者理解のための情報収集

　担当する利用者を決定し,アセスメントに必要な生活状況,環境についての情報を収集する。利用者本人,実習指導者の了解を得たうえで,担当することになる。利用者理解のための情報収集では,情報を整理するためのツールとしてアセスメントシートを用いる。福祉の現場では,支援の対象や目的に応じて,さまざまなアセスメントシートが考案されている。このテキストでは,利用者の生活問題は,利用者の「身体機能的側面」「心理社会的側面」「環境的側面」とが相互に影響しあって生じる,というソーシャルワークの利用者理解の視点に基づいて項目を配置したアセスメントシート(ワークシート4)を提示する。

　適切なアセスメントを行うために,誰(どこ)から,どのような情報を集めればよいだろうか。たとえば,B老人デイサービスセンターでの実習の場合,まず利用者Aさんに継続的にかかわり,コミュニケーションや観察することから得られる情報が最も重要である。その際の注意点は,Aさんに負担のない形で情報を収集することである。対人援助の基本原則であるバイステックの7原則を意識しながら,効果的な面接技法を使ったかかわり方を心がけよう。ここでは「援助関係を形成する力」と「働きかける力」が求められる。

　次に,他職種からAさんの情報収集を行う。実習施設における他職種の役割や専門としている領域,チームアプローチについては,「職場実習」で理解を深めてきた。他職種の専門的見地から得られるAさんの情報について,直接聞き取るなどの方法で収集し,アセスメントシートにまとめる。

　日頃からAさんを支援している職員からの聞き取り,Aさんと職員の面接やAさん宅を訪問する際の同行,職員の日常業務の観察からは,支援方法についての理解を深めることができる。Aさんに関する同職種や他職種との情報交換では,「人々と連携する力」が必要となる。さらに,フェイスシートやケース記録等を閲覧すると,Aさんの情報だけでなく,支援のプロセスなども

実習で用いるアセスメントシート
実習施設で使用しているアセスメントシートか,養成校が定めたものか,このテキストに提示するものを用いるかは,事前に実習指導者と相談して決める。

バイステックの7原則
→科目「相談援助の理論と方法」の学習内容

面接技法
→科目「相談援助の理論と方法」の学習内容

援助関係を形成する力・働きかける力
→序章第3節[2](2)(4)参照

人々と連携する力
→序章第3節[2](5)参照

理解することができる。あるいは実習施設や地域で開催される会議に同席して、同職種や他職種、他機関のアセスメントや方針を聞くことから、Aさんのさまざまな情報や地域の社会資源の機能や特性等を知ることができる。

さらに、Aさんの家族と面接して、生活歴や家族の思いを聞き取ることも重要である。担当利用者および家族との面接のほかに、実習指導者が本人または家族役となったロールプレイ、過去の事例を用いた模擬面接等のプログラムが組まれることもある。

面接は、日常的な会話やコミュニケーションと異なり、何らかの目的をもって行われる、意図的かつ構造的なコミュニケーションである。また、面接は常に1対1とは限らず、必ずしも面接室で行われるものではないことを補足しておく。たとえば、老人デイサービスセンターを利用しているAさんの日中活動を計画するために、食堂で趣味について話を聞くことは生活場面面接と位置づけられる。このような情報収集では、「援助関係を形成する力」「アセスメントする力」「人々と連携する力」が求められるだろう。

なお、言語によるコミュニケーションが困難な利用者の情報収集では、どのような方法が必要だろうか。ふだんの生活の様子をていねいに把握して小さな変化も見逃さないようにすることや、過去のエピソード、家族や職員からの情報をもとにニーズを把握していくことが求められる。

この段階では、アセスメントや課題解決という目的のために、傾聴や共感、要約、言い換え、開かれた質問と閉ざされた質問の使い分け、目線や表情、態度などの面接技法を使って、利用者との援助関係を形成していくことが求められる。相手の話の流れに沿いながら話を聞き、話を引き出し、効果的な介入を行っていくために、演習科目などで学んだ面接技法を試行しよう。「あなたになら話をしてもよい」と思ってもらえるような態度や、適切なかかわり方を心がけることが重要である。

質問が相手に伝わらなかったと感じたときや、相手の気分を害してしまったのではないかと不安になったときは、その場面をプロセスレコードに記載してふりかえりをするとよい。自分の対応や具体的な言葉をふりかえり、考察することによって、あるいは実習指導者からスーパービジョンを受けることによって、自分自身や利用者がどのような感情や思考であったかを理解することが

会議
→第3章第2節参照

アセスメントする力
→序章第3節②(3)参照

プロセスレコード
→第3章第1節①(3)図3−2参照

できる。そして次回はどのようにかかわればよいかを考えるヒントとなる。プロセスレコードを活用して、「自らの実践をふりかえる力」や「援助関係を形成する力」を身につけよう。

(2) アセスメント

アセスメントは、ソーシャルワーク援助の要である。たとえば、老人デイサービスセンターのAさんについて、「どのように暮らしてきた人なのか？」「いまどのような状況に置かれているのか？」というAさんとAさんをとりまく環境の関係性を把握し、「これからどうしたいのか？」というAさんの思いや希望を理解して、ニーズと生活課題を分析することで支援計画の立案につなげる。Aさんが生活している地域を支援する場合、地域診断としてアセスメントを行う。Aさんが暮らす地域の特性や福祉課題を抽出するために、資料を確認して生活環境に関する知識を得たり、地域活動について理解する必要がある。潜在的な社会資源を明らかにすることや、インフォーマル・サポートの開発、ソーシャルアクションの視点をもつことが、支援計画の立案につながっていくのである。

アセスメントには実習施設に対するアセスメント、グループや地域住民等に対するアセスメントがある。ここでは、利用者と環境に関する情報を基に、問題把握を行うために、まずは利用者Aさんの主訴として語られた希望などの事柄を整理してみよう。ジェノグラム、エコマップを作成し、Aさん本人の置かれている状況を視覚化して表すとともに、Aさんの価値観や人生観などについて考えてみよう。

そして、個別支援計画の立案に向けて、Aさんが必要としている客観的なニーズと生活課題を抽出していく。ニーズが複数ある場合には、優先順位を考えて焦点化・絞りこみをすることになる。そのためには、Aさんの全体像を理解して、Aさんと家族、グループ、地域との関係性について考察しなくてはならない。アセスメントはソーシャルワークの展開過程のなかで、繰り返し行われるものである。利用者やグループ、地域の状況変化に合わせたアセスメントが必要であり、そこには「アセスメントする力」が求められる。

自らの実践をふりかえる力
→序章第3節②(7)参照

地域の特性や福祉課題
→第2章第2節①参照

社会資源の開発・ソーシャルアクション
→序章第2節③(4)参照

実習施設のアセスメント、地域のアセスメント
→第2章第2節①②、第3章第2節参照

ジェノグラム（genogram）
3世代以上の家族（血縁でなくとも同居家族との関係が深い人も含む）の人間関係を図式化したもの。基本的に男性は□、女性は○で表すなど基本表記法がある。結婚・離婚、死亡など家族に影響を与えたエピソードを図に表現する、世代にわたる家族とその人間関係を示した「世代関係図」である。多くの専門領域で頻繁に使用されている代表的なアセスメントツール。

エコマップ（eco map）
「社会関係地図」「生態地図」とも呼ばれる。用紙の中央に本人や家族の状況を描き、その本人・家族を取り巻くさまざまな社会環境との関係性や作用する力など、線の種類や矢印の方向などで表現することで、利用者への理解を深めるマッピング技法である。援助者が家族のニーズを把握していくうえで、面接や思考の有効なツールとして開発されてきた。

3 実習内容とワークシートの活用方法

　このテキストでは支援計画の立案に向け，実習生が使用するアセスメントシートとして，ワークシート4を提示する。
　ワークシート4は，「利用者の全体像を理解するための情報収集」をするためのワークシート4-①（No.1 利用者，No.2 利用者をとりまく環境，No.3 利用者と環境の交互作用），「ジェノグラムとエコマップ」を作成するためのワークシート4-②，「利用者の生活課題・ニーズを分析する」ためのワークシート4-③（No.4 利用者および家族等の意向，希望，No.5 利用者の強み，No.6 利用者の生活課題・ニーズ，No.7 利用者の意向，希望の実現に向けて活用できそうな資源）で構成される。集まった情報をワークシート4-①②に整理しよう。次にワークシート4-③を使って，ニーズの分析，課題抽出を行う。
　なお，実習生には，実習中に知り得た個人情報を漏らしてはならないという，守秘義務がある。個人情報を記入したアセスメントシートを含む実習記録書類の取り扱いには，細心の注意を払うとともに，実習担当教員や学生との事例検討会では，情報の匿名化により個人を特定できないようにする。

(1) 利用者について（ワークシート4-① No.1）

　年齢，性別，生育歴や学歴，職歴などの生活歴，身体的なこと，精神・心理的なこと，健康状態，ADL（日常生活動作），IADL（手段的日常生活動作），主訴（本人が話してくれた希望，ディマンド「～がしたい」「～ができなくて困っている」など，できるだけ利用者本人が発したそのままの言葉・動作を書こう。発語が困難な利用者の場合は，態度や表情など観察やかかわりのなかから得られた客観的な情報を記入する），「何を大切にしてきたのか」「どのように頑張ってきたのか」「どんな夢や希望を抱いてきたのか」などのその人の考え方や価値観，要介護認定や障害者手帳，障害支援区分，住宅環境や経済状況，趣味や楽しみなことなど，個人に関する基本情報を記入する。

守秘義務
→巻末資料「ソーシャルワーカーの倫理綱領」参照
→科目「相談援助の理論と方法」の学習内容

ADL・IADL
→科目「人体の機能と構造及び疾病」の学習内容

要介護認定
→科目「高齢者に対する支援と介護保険制度」の学習内容

障害者手帳・障害支援区分
→科目「障害者に対する支援と障害者自立支援制度」の学習内容

その際には，氏名，住所，生年月日等の個人を特定することができる情報の取り扱いに十分注意する。

（2）利用者をとりまく環境について（ワークシート4－① No.2）

環境とは，利用者のまわりにある人や物のすべてである。家族，親族や友人，近隣の人たち，他の利用者，相談することができる人，介護や家事をしてくれる人，緊急時に対応してくれる人など，人間関係のあるさまざまな人のことである。かかわっている施設や病院，行政機関，保健所，地域包括支援センター，訪問看護ステーション，介護支援専門員，相談支援専門員，利用している制度や福祉サービス，またこれまでに相談したことのある関係機関などの社会的な資源に関する情報を記入しよう。ここで確認された情報が，後述（4）のジェノグラム，エコマップを描くもととなる。

たとえば，B老人デイサービスセンターを利用するAさんの場合，次のような情報を記載していく。

子どもが3人いる。7年前に夫を亡くしたあと，長男家族と同居した。2～3か月に1回のペースで弟と会うのを楽しみにしている。送迎車により自宅から約15分かけて週3回，B老人デイサービスセンターを利用している。デイサービスセンターの職員のことを信頼していて意思を伝えることはできるが，話をする側ではなくいつも聞き役となっている。利用者同士の会話は，特定の人とあいさつを交わす程度である。亡き夫の墓参のために，毎月近所の寺に通っている。

（3）利用者と環境の交互作用について（ワークシート4－① No.3）

利用者と環境（人や物）が互いに影響し合いながらかかわっている状態について把握する。これはソーシャルワークの専門的視点であり，支援の原点である。親族や近隣住民，関係機関などとのつながりの状況を記入する。環境とは，もともと利用者をとりまくすべてを指すので，物理的なものも，人的なものも含むが，ここでは利用者と関連するものに限定して考えよう。他の利用者や支援者，実習生自身も環境である。

利用者と環境の交互作用
→序章第2節③参照

ここでもAさんを例に挙げて考えてみよう。同居している長男の妻が食事の支度や身のまわりの世話をしてくれるが，パートで忙しいこともあって，Aさんは気を遣って生活している。夫の墓参りは毎月欠かさず行っており，住職との会話が心のよりどころとなっている。絵画や書道が趣味で仲間もいたが，脳梗塞を発症後は縁遠くなっている。

（4）ジェノグラムとエコマップ（ワークシート4-②）

　利用者と周囲の人や物との交互関係をジェノグラムやエコマップによって視覚化することによって，支援の対象となる人と環境との関係が明らかになり，利用者と環境との複雑な交互作用の状況を，整理することができる。利用者や家族をとりまくさまざまな人や物との関係性や作用する力などを，線の種類や矢印などで表すことで，サポート・ネットワークやストレスのある関係性などをアセスメントすることができる。また，不足している社会資源や情報，潜在的な社会資源を認識することも可能となる。可能であれば，利用者とソーシャルワーカーが一緒になって作成することにより，利用者が自分自身の置かれている環境を理解し，ソーシャルワーカーに理解されることが，利用者の安心につながる。描く行為そのものが，利用者の生活の向上に役立つようにすることが大切である。

　たとえば，Aさんのエコマップを描いてみよう。Aさんは，もともと人づき合いが得意ではなく，Bデイサービスセンターの他の利用者とも気が合わないため，居心地の悪さを感じている。親しかった趣味の友人とは，脳梗塞を発症してからは疎遠になってしまった。家族に気を遣って生活しており，なるべく迷惑をかけないようにしたいと思っている。地域社会との交流がなく，Aさんを気遣って時々連絡がある県外在住の弟と寺の住職が心の支えとなっている。

> サポート・ネットワーク
> →科目「相談援助の基盤と専門職」「相談援助の理論と方法」の学習内容

（5）利用者および家族等の意向，希望（ワークシート4-③ No.4）

　「～がしたい」「～ができなくて困っている」といった本人および家族等の主訴（希望，思い）などが，そのまま「意向，希望」

となるわけではない。「～がしたい」「～ができなくて困っている」などの発言の心理社会的背景を見て，なぜそのような発言になるのかをとらえよう。

　たとえば，Aさんの主訴は，「自分のことは何でもできるので人に構われたくない」「本当はデイサービスになんて来たくない」「集団で過ごすのは疲れるのでここに来ても一人の時間がほしい」というものであり，ワークシート4-①の「No.1利用者について」に記入している。この発言をもとに分析したものが「利用者および家族等の意向，希望」である。では，利用者や家族の意向はどのように導き出されるだろうか。Aさんが話された言葉だけで「老人デイサービスセンターを利用しない」ということが本人の意向といえるのか，十分に検討する必要がある。Aさんの言葉の奥にある本当の思いはどこにあるのか，「来たくない」と言っているAさんは，それでもなぜ利用し続けているのか，ということを総合的に分析することが求められる。Aさんの言葉の背景やその背後にある感情に目を向けて，なぜそのような発言になるのかを，Aさんとともに考える姿勢が重要である。Aさんが本当に困っていることや，どうしたいと思っているのかをキャッチすることが，Aさんの意向や希望をくみとるということであり，そのことがAさんの意向に沿う支援計画の立案につながる。

　Aさんと話していくなかで，リハビリができるからと言われてBデイサービスセンターに通い始めたが，リハビリはほとんど受けられなくてがっかりしていることや，人と交流するよりも自分で黙々と取り組むほうが性に合っている，と考えていることがわかる。またAさんを担当する職員の話によれば，Aさんは長男夫婦と暮らしており，脳梗塞発症前は長男の妻とともに家事を担っていたが，左片麻痺の後遺症が残り，これまでのように掃除や食事の仕度をすることが難しくなった。パートで働く長男の妻に負担がかかるようになり，これまで以上にAさんとの関係がギクシャクしている。長男の妻は「家事を中途半端にされるよりデイサービスに行ってくれている方が気が楽」と話しているそうだ。このことから「家庭にも自分の居場所がなくなってしまった」「本当は自分の好きだったことをやりたいし，居場所が欲しい」というAさんの意向，希望をくみとることができる。

　ここでは，本人の思いを引き出し，発言の背景を一緒に考えて

いくことを実習で取り組んでほしい。

（6）利用者の強み（ストレングス）（ワークシート4－③ No.5）

　利用者のもつ強み「ストレングス」や，環境のなかにある「ストレングス」を視野に入れて働きかけることが大切である。ストレングスとは，その人の長所や可能性，「～ができる」という能力，「～をしたい」という意欲や関心，「～が好きである」という嗜好，「～をしてくれる人がいる」という地域の資源などである。

　できないところ，改善しなければいけないところなどの情報だけでなく，ストレングスの情報を収集し，プラス面を積極的に取り上げていくことは，利用者が強みを活かして自分の生活問題の解決に向かえるようにするにはどうすればよいか，という視点につながり，問題解決の糸口に気づくことができる。

（7）利用者の生活課題・ニーズ（順位づけ）（ワークシート4－③ No.6）

　利用者とのかかわりで本人が話してくれたことや，観察から得た情報をもとにくみとることのできた意向や希望をふまえて，「真のニーズ」を抽出しよう。真のニーズとは，主訴そのものではなく，利用者が本当に必要としているもので，ソーシャルワークの専門的なプロセスから見立てられる客観的なものである。

　生活課題はいくつもあることが多い。それらの課題の緊急性などを見きわめて，何に対して優先的に取り組むべきかという視点をもつことが重要である。優先順位を考えて，ニーズの焦点化と絞り込みをすることが，利用者の思いに沿った支援計画の立案につながる。

　また，このように個別に把握したニーズを，地域のニーズを分析するための情報として，地域づくりの活動につなげることも重要である。

> 地域のニーズ
> →科目「地域福祉の理論と方法」の学習内容

（8）利用者の生活課題の達成，ニーズ充足に向けて活用できそうな資源（ワークシート4－③ No.7）

　フォーマル・サービス（公的制度に基づいた社会福祉サービス）だけでなく，インフォーマル・サポート（家族・親戚・友人・同

僚・近隣や地域社会，ボランティア等が行う非公式的な援助）や制度外サービスについても考えてみよう。利用者が地域で生活するためには，福祉サービスだけでなく，住まいの確保やバリアフリーのまちづくりなどによる生活環境整備，成年後見制度や虐待防止による権利擁護など，さまざまなサービスが必要である。同時に，住民によるボランティア活動，町内会や自治会などが行う日常生活のさまざまな支援活動なども，地域で生活するうえで重要な役割を果たしている。また一方では，利用者の「～がしたい」という思いを実現するためには，既存の社会資源では対応できないこともある。

　サービスで「できない部分」を補うというのは支援方法の一つであるが，利用者の「できる部分」「ストレングス」に着目してそれを活かすという発想を大切にしたい。B老人デイサービスセンターを利用するAさんのストレングスを考えよう。Aさんは，軽度の左片麻痺があり，「リハビリで良くしようと努力されている人である」「リハビリに対して前向きであり，自分自身の状態を把握している」「心を許して話ができる親族や知人がいる」「自分のことは自分で決めて自分でやりたいという思いをおもちである」「周囲に気を遣える」などが，ストレングスとして挙げられるだろう。

　このようなストレングスの視点をもつことが，新たな社会資源の創造につながる。Aさんのニーズを充足するために必要な社会資源が不足している場合は，どうしたらいいだろうか。「サービスがないのであきらめてください」というのは，ソーシャルワーカーの価値と態度に反する。ソーシャルワーカーには，人々の生活困難の解消・軽減・ニーズの充足のために，新たなサービスの開発に向けて地域に働きかけていく（ソーシャルアクション）役割が求められている。実習をとおして，既存の施策や社会資源がどのように展開しているのか，またこれらの施策や社会資源では対応できない場合はどうすべきか，問題意識をもつことが大切である。

成年後見制度・権利擁護
→科目「権利擁護と成年後見制度」の学習内容

ソーシャルアクション
→科目「相談援助の理論と方法」の学習内容

ワークシート4-①　記入のポイント
──利用者理解のための情報収集

⑦　利用者の全体像を理解するための情報収集

No.1　利用者について

> 年齢，性別，生育歴や学歴，職歴などの生活歴，身体的なこと，精神・心理的なこと，心身の健康状態，ADL，IADL，日常生活における活動，主訴，社会参加の状況，考え方や価値観，要介護認定や障害者手帳，障害支援区分，住宅環境や経済状態，趣味や楽しみ等，利用者個人の情報を記述する。

No.2　利用者をとりまく環境について

> 家族，親族，友人，近隣の人たち，その他の人々との関係，利用者とつながりのある人的資源，利用している施設や病院，役所，保健所，地域包括支援センター，訪問看護ステーション，介護支援専門員，利用している制度や福祉サービス，社会資源等，利用者をとりまく人や物・制度を記述する。

No.3　利用者と環境の交互作用について

> 親族や近隣住民，関係機関などとのつながりの状況を記述する。
> （利用者から環境へのアプローチ，環境が利用者に与える影響，この交互作用が利用者の生活にどのような影響をもたらしているか等を分析しよう。）

ワークシート4-②記入のポイント
──ジェノグラムとエコマップ

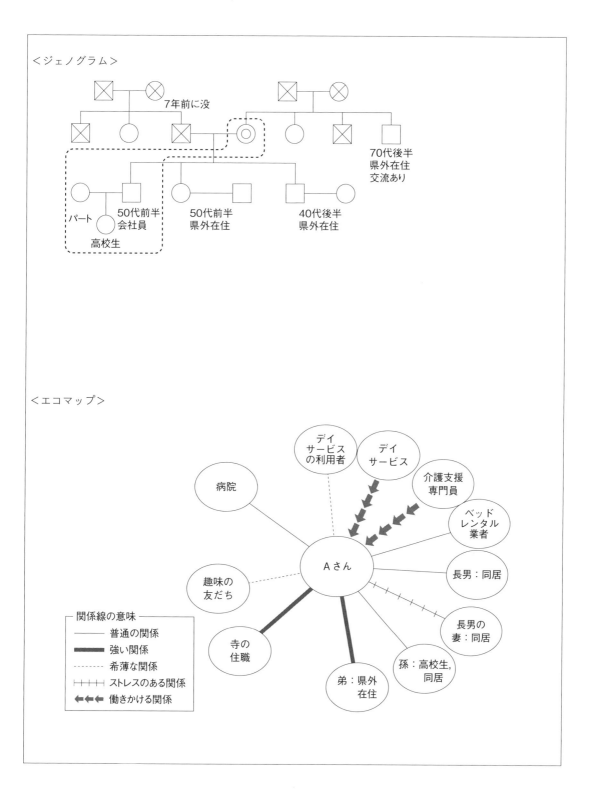

ワークシート4-③ 記入のポイント
——アセスメント

⑧ 利用者の生活課題・ニーズを分析する

No.4　利用者および家族の意向，希望

利用者の主訴とワークシート4-①②で整理した情報をもとに，利用者は今の状況をどのように考えているか，どのような暮らしを望んでいるか，現状がどのように変化することを求めているかを分析して記述する。

No.5　利用者の強み（ストレングス）

ワークシート4-①②で整理した情報をもとに，長所や可能性，「～ができる」という能力，「～をしたい」という意欲や関心，「～が好きである」という嗜好，「～をしてくれる人がいる」という地域の資源などを抽出して，記述する。

No.6　利用者の生活課題・ニーズ（順位づけ）

ワークシート4-①②で整理した情報と，このワークシートのNo.4の記述をもとに，利用者の生活課題・ニーズを見立てて記入する。それぞれの生活課題・ニーズの緊急性や重要性を見きわめて順位づけしよう。

No.7　利用者の意向，希望の実現に向けて活用できそうな資源

人的資源，社会資源，社会制度，このワークシートのNo.5に記入した利用者の強み等のなかから，活用できそうな資源を記入する。

4 ふりかえりの方法とポイント

（1）実習日誌の書き方

　利用者を理解するために，どのような目標を立て取り組んだのかを記載し，その取り組みのプロセスを考察しよう。Aさんのアセスメントで集めた情報は，ソーシャルワークの価値を根底におき，ソーシャルワーク実践を目的に，Aさんと環境との関係性に焦点を当てて意図的に収集したものである。まずは，Aさんにかかわって，援助関係を形成することができたかどうかをふりかえってみよう。

　つぎに，Aさん個人や家族，組織，地域，社会の相互関係を意識した情報収集ができたか，そのためにどのような工夫をしたのかがポイントとなる。ここでは，情報収集の方法とそのプロセスが大切である。Aさんとの出会いから，援助関係の構築に向けたかかわりや面接がどのようにおこなわれたか，そのプロセスをふりかえりながら記述しよう。また，ケース記録の閲覧や担当者会議，ミーティングに同席する機会を通して，同職種や他職種からの情報によりアセスメントの視点を得た際には，その具体的な方法を記録するとともに，他職種とのかかわりでは何が大切となるのかを考察しよう。送迎車に同乗するなどしてAさんの家族と会い，家族の情報を得た場合や，ロールプレイの実施などの場面では，どのようなアプローチを行うことで，どのような情報を知りえたのか，そのプロセスをていねいに整理しよう。

　アセスメントでは，アセスメントシートを埋めるだけの作業になってはいないだろうか。難しいと感じたことがあれば，ふりかえって記録しておくと，実習指導者のスーパービジョンで指導や助言を受けやすくなる。さらに，生活課題・ニーズの抽出においては，ストレングスも含めた視点をもって取り組むことができたかどうかをふりかえり，記録しよう。そして，フォーマル・サービスとインフォーマル・サポートのアセスメントとその結果について考察し，既存のサービスでは不足と考えられることがあれば，問題意識として記述しよう。

（2）スーパービジョンによるふりかえり

　実習指導者によるスーパービジョンでは，記入したアセスメントシートを実習指導者に見てもらい，実習生がとらえた利用者像を伝えよう。そして，分析した課題，解釈を，そのようにとらえた根拠とともに明確に説明するように努力しよう。

　スーパービジョンでスーパーバイジーに期待される役割は，スーパーバイザーに質問したいこと，意見をもらいたいことなどについて事前に準備し，自ら話題にして助言・指導を求めることである。「この情報はどう解釈したらいいのか」「このエピソードにはどのような意味があるのか」「この人が言っていることを，どのように理解したらいいのか」と一歩ふみこんで考え，それを自分の考えとして言語化するための事前準備が必要である。そのためには実習日誌やアセスメントシートを読み返し，実習体験をふりかえっておく。そのうえでスーパービジョンに臨み，アセスメントシートの書き方や内容，集めた情報の適切さはどうか，偏った見方や解釈はしていないか等，スーパーバイザーの指導のもとふりかえりを行うことで，新たな課題が見えてくるであろう。追加の情報収集を行う必要性や，社会資源を調べるよう指導されることもあるだろう。助言を受けたら，支援計画の立案に向けてさらにふみこんだアセスメントに取り組もう。

　巡回指導によるスーパービジョンでは，実習生がソーシャルワークの価値や知識を理解し，それをどのような技術や態度で表現することができたかを確認するとともに，ソーシャルワーカーとしてのものの見方や考え方を指導する。実習は，講義などで学んだ理論を実際に体験し，ソーシャルワーカーの実践を直接に見ることのできる機会である。「アセスメントに必要な知識や技術を修得し，実際に使えるようになっているか」「理論とソーシャルワーカーの現場での実践を関連づけて理解を深めることができているか」など，ソーシャルワーカーになるための学び方ができているかをふりかえる。実習生はこのような体験を通して，「自らの実践をふりかえる力」を高めることができる。

スーパーバイジーに期待される役割
→第1章第3節②(3)参照

ソーシャルワークの価値と態度・知識・技術
→序章第2節④参照

ソーシャルワーカーになるための学び方
→第1章第1節②参照

第3章　第4節のチェックポイント

- あなたが達成できた項目にチェックを入れよう。
- 達成できた・できなかった理由を説明してみよう。
- チェックポイントの内容が理解できない場合は、該当の本文を再度読んで理解しよう。

・・

【本節での到達目標】
利用者と環境との関係性を実習指導者等へ説明できる（ソーシャルワーク実習前半：アセスメント）

☐ ❶ 面接技術を意識的に活用して、利用者からアセスメントのための情報収集をすることができた。

☐ ❷ 他職種、実習指導者から、適切な方法でアセスメントのための情報収集をすることができた。

☐ ❸ 実習施設の各種記録を読むことで、アセスメントのための情報収集をすることができた。

☐ ❹ 利用者の全体像、環境との関係に関する情報を分析し、アセスメントシートをまとめることができた。

☐ ❺ アセスメント結果を実習指導者等に説明することができた。

☐ ❻ スーパーバイジーとしての取り組みを説明し、指導を受けることができている。

ワークシート4−①
──利用者理解のための情報収集

⑦ 利用者の全体像を理解するための情報収集

No.1 利用者について

No.2 利用者をとりまく環境について

No.3 利用者と環境の交互作用について

ワークシート4－②
──ジェノグラムとエコマップ

<ジェノグラム>

<エコマップ>

ワークシート4−③
──アセスメント

⑧ 利用者の生活課題・ニーズを分析する

No.4 利用者および家族の意向，希望

No.5 利用者の強み（ストレングス）

No.6 利用者の生活課題・ニーズ（順位づけ）

No.7 利用者の意向，希望の実現に向けて活用できそうな資源

第5節 利用者と環境との関係性を実習指導者等へ説明できる（ソーシャルワーク実習後半：支援計画）

> ソーシャルワーク実習後半は，支援計画の立案および支援計画書の作成をとおして，利用者と環境との関係性について理解を深める。実習全体をふりかえりながら，ソーシャルワークの視点や実践力として身につけた成果を発揮しよう。

1 実習目標

この段階では，実際に「支援計画」を立案し，支援計画書を作成して，その支援計画を実習指導者等へ説明できることを目標とする。

支援計画とは，利用者等に対する具体的な支援の内容や方向性を計画・立案することをいい，一人の利用者に対する計画もあれば，広く地域住民の福祉課題に対する計画も含まれる。

配属実習では，その多くが，一人の利用者に対する個別支援計画を立案し，個別支援計画書を作成することとなる。第4節のアセスメントから導いた支援の方向性から，支援目標とその目標を達成するための具体的な方策や内容を立案し，支援計画書を作成しよう。また，支援計画は，実習生一人で作りあげるのではなく，実習指導者の指導のもと，できるかぎり利用者本人とともに作成する。利用者自身がもっている力を活用しながら，利用者のエンパワメントを促進するはたらきにも着目していこう。

実習生は，支援計画書の作成を通して，ソーシャルワーク実践におけるプランニングを体験することになる。ソーシャルワーク実践のプロセスもふまえながら，具体的な支援計画を作成していこう。

支援計画
本章では，立案・作成のプロセスを「支援計画」，作成したシートを「支援計画書」としている。

エンパワメント
→科目「相談援助の基盤と専門職」「相談援助の理論と方法」の学習内容

実際に支援計画書を作成したら，実習指導者にその内容を説明してみよう。自分が立案した支援計画書の中身を十分に理解できていないと，他者への説明はできない。説明するということをとおして，利用者と環境との関係性をどのように理解し，そこからどのように具体的な支援計画に反映させていったのかを考えてほしい。加えて，実習指導者とのやりとりを通して，自分が立案した支援計画の良い点や改善すべき点，気づかなかった新たな視点などを確認することができる。

　支援計画の立案に当たっては，利用者と利用者をとりまく環境に焦点を当てることや，利用者支援にかかわる他職種の理解，インフォーマルサービスを含めたネットワーキングなどについて学習した内容を，どの程度理解できているかが鍵を握っている。事前学習とこれまでの実習内容をふりかえりながら，アセスメントにおいて十分に深められた利用者理解をふまえ，具体的な支援方法や方策を立案しよう。

2　実習プログラム

　この段階での実習プログラムの中心となる内容は，支援計画書の作成である。ただし，これは，単に作成して終わりということではなく，利用者の支援計画を立案し，その内容を実習指導者に説明するところまでを想定している。

　行政機関や社会福祉協議会など，フィールド・ソーシャルワークが展開されている実習施設では，特定の人々に対する個別支援計画ではなく，福祉関係法令で規定されている各種の福祉計画や地域福祉活動計画を策定している。実習生は，これらの計画作成を学ぶ機会を得ることになる。広く地域住民を対象とした福祉課題に対する支援計画の立案から実施，その評価までの一連のプロセスを学んでほしい。

　支援計画書の作成は，実習での学びの集大成ともいえる。ソーシャルワーク実践のプロセスが，インテーク，アセスメント，プランニングと続くように，支援計画書の作成に至るまでに，利用者との面接等をとおして，同じプロセスをたどってきているはず

フィールド・ソーシャルワーク
人々の生活の場である地域で展開される，相談機関等による地域に根差したソーシャルワーク。これに対し，施設等におけるソーシャルワークをレジデンシャル・ソーシャルワークという。

福祉計画
→科目「福祉行財政と福祉計画」の学習内容

である。改めて、実習指導者とともに、これまで取り組んできた実習内容をふりかえり、作成上の留意点等について指導を受けながら、支援計画書の作成に取り組もう。

そして、作成した支援計画書の内容を実習指導者に説明し、指導と助言を受けよう。どこに注目し、どの点を工夫したのかなど、自分の言葉でていねいに説明できることが必要となる。ポイントは、支援計画書作成までのプロセスである。どのようなプロセスを経てこの支援計画書を完成させたのかを具体的に実習指導者に説明できるように準備しよう。

あわせて、説明の仕方について、指導、助言を受けることにより、プレゼンテーションの方法を学ぶ機会としよう。

3 実習内容とワークシートの活用方法

(1) 個別支援計画の構成要素と立案プロセス

ここからは、支援計画のなかでも個別支援計画を立案し、個別支援計画書を作成する際のポイントを、ワークシート5の内容に沿って述べる。

ワークシート5の構成要素は、①利用者および家族等の意向・希望、②課題・ニーズ、③目標(長期目標、短期目標)、④支援方法の四つである。これらの項目の一つひとつをソーシャルワーカーの視点で記入しながら、ワークシートを完成させよう。

ワークシート5は、実習の到達度を可視化したものともいえる。実習での学びの到達度を図るものであることを意識して取り組もう。

長期目標・短期目標
→科目「相談援助の理論と方法」の学習内容

❶ 利用者および家族等の意向

ワークシート5のはじめに記入するのは、「利用者および家族等の意向」である。

実際の支援計画立案に当たっては、ワークシート4-③の内容を見直すところから始める。そこでは、最初に利用者自身が現在の状況をどのように考え、どのような暮らしを望んでいるのか、

ワークシート5 記入のポイント
――支援計画
⑨ 個別支援計画

利用者および家族等の意向・希望			
・利用者の意向 　利用者本人の思いや希望 ・家族の意向 　利用者家族の思いや希望 ― 利用者の意向と家族の意向を分けて書き込む。 この両者が異なる場合は、なぜ違うのか、その理由や背景は何かを吟味しよう。			
利用者の生活課題・ニーズ	目標		支援方法
	（長期目標）	（短期目標）	
ワークシート4－③No.6で取り上げた利用者の生活課題・ニーズを優先度の高い順に記入する。	「あるべき姿」「よいと思える状態」から導く長期で達成をめざす目標。	長期目標の達成のために、すぐにとりかかり、達成が見通せる目標。	目標を達成するための具体的な方法を整理・記入する。

144　第3章　事中学習

そして、現状がどのように変化することを求めているのかを整理した。その内容をふまえて、利用者の意向（思いや希望）を簡潔に記入しよう。

　最も重要なのは、利用者本人の意向と希望だが、同時に、家族の意向にも着目する必要がある。家族であっても、利用者本人と家族の意向は同じとは限らず、両者にずれがあったり、正反対のものであったりする。このようなとき、どちらの意向を優先させるのか、両者の間に立たされ、ジレンマを感じることも少なくないが、利用者本人と家族との関係性に着目しながら、それぞれの思いや希望の理由や背景を吟味することが大切である。そのためにも、利用者本人の意向と家族の意向はそれぞれ書き分け、両者が異なる場合は、その理由や背景を整理して書き出してみよう。たとえば、前節のAさんの場合を考えてみよう。Aさんは、「本当はデイサービスセンターになんて来たくない」と言い、Aさんの家族（長男の妻）は、「デイサービスセンターに行ってくれている方が気が楽」と話している。その点では、両者の思いは違っているが、Aさんがなぜデイサービスセンターに来たくないのかを掘り下げていくと、リハビリができると考えていたのにリハビリはほとんど受けられないことや、「自分の好きだったことをやりたいし、居場所がほしい」「家庭にも自分の居場所がなくなってしまった」というAさんの思いに行きつく。家族（長男の妻）からすれば、Aさんがやっていた家事が中途半端にしかできなくなって長男の妻に家事負担がかかってきていることから、「家事を中途半端にされるより、デイサービスに行ってくれている方が気が楽」として、日中のAさんの居場所としてB老人デイサービスセンターをとらえていることが整理できる。

　これらのことから、どのような暮らしや現状の変化を望んでいるのかという視点で、Aさんの意向を整理すると、「好きなことができる居場所が欲しい」を導くことができるだろう。

❷ 利用者の生活課題・ニーズ

　次に、利用者の抱える課題とニーズをソーシャルワーカーの視点で分析し、それを支援計画書に書き込んでいく。

　すでにワークシート4－③の段階で、利用者の生活課題・ニーズを分析し、順位づけを行っている。加えて、利用者の強み（ス

ワークシート4－③
→第3章第4節参照

トレングス）も見出してきた。これらの内容を支援計画に書き込んでいくことにしよう。

生活課題・ニーズは，より優先度の高い順に上から書いていくとよいだろう。コンパクトに書くことで，利用者や家族，職員等の読み手にとってもわかりやすくなる。強み（ストレングス）も活かした中身に仕上げてみよう。ここでは，「できないこと」や「やっていないこと」に目が行きがちになるが，利用者本人がもつ強みをふまえ，本人や家族のできることや可能性に目を向け，さらにどのような生活ニーズがあるのかを分析し，計画に盛り込んでいくとよい。

Aさんの生活課題・ニーズとしては，「デイサービスセンターにリハビリを期待したがほとんどできていない」「趣味だったこと（絵画や書道）をやりたい」「趣味の仲間がいたが発症後は疎遠になっている」「集団で過ごすのは疲れるので，一人の時間が欲しい」などを抽出し，優先順位をつけて支援計画書に盛り込むことができるだろう。

❸ 目標の設定

利用者および家族等の意向や希望の把握，生活課題やニーズの整理ができれば，次に支援目標の設定をする。目標とは，実現や達成をめざす水準を示し，支援のゴール設定ともいえる。利用者の生活や暮らしがどのようになっていればよいのか，「あるべき姿」や「よいと思える状態」をイメージしながら設定しよう。

支援目標は，長期目標と短期目標に区分けして記入する。長期目標は，「あるべき姿」や「よいと思える状態」から導く，長期的な視点で達成しようとする事柄を記入し，短期目標は，長期目標の達成のためにすぐにとりかかり，短期間で達成することが見通せる内容を記入する。

たとえば，Aさんの場合，①の利用者および家族の意向から，「よいと思える状態」として「自分の居場所をみつけて心地よく暮らす」Aさんの姿を描くことができるだろう。Aさんは，たまたまB老人デイサービスセンターを利用しているが，Aさんが「居る」場は，自宅であり，地域社会であり，その一部としてのB老人デイサービスセンターである。本来はAさんの居場所は自宅（家族関係のなか）にも，地域社会にも，B老人デイサービスセンター

にも求められるものであろう。このことからすれば,「自分の居場所」は,長期目標としても抽象度が高い。

支援計画における目標の設定は,具体的で達成が見通せるものとすることがポイントである。そこで,実習生としては,実習施設がB老人デイサービスセンターであることから,その居場所として,B老人デイサービスセンターに焦点を絞り,長期目標として「デイサービスセンターを心地よく利用することができる」を設定したとしよう。この長期目標を達成するためには,より具体的な短期目標の設定が必要である。Aさんにとって,心地よく利用するとはどのようなことか,快適な暮らしとは何かをふまえた短期目標の設定のために,Aさんの性格や嗜好,対人関係の考え方などを十分に理解しておくことが必要だろう。B老人デイサービスセンターを利用することで,Aさんの生活課題・ニーズがどのように達成されるのかを検討し,「心地よさ」のために,Aさんが,B老人デイサービスセンターで何ができるようになるのか,どのような過ごし方を当面の目標（短期目標）とするのかを整理していこう。

❹ 目標,支援の妥当性と実効性

目標設定ができれば,次は,それらの妥当性と実効性の検討が必要となる。いくらよい目標を立てたところで,その目標が本当に利用者の生活課題の解決やニーズを充足できるものでなくては意味がない。たとえば,生活実態とはかけ離れた壮大な目標や,実現可能性が極めて低い目標設定になっていないかの確認は必須である。また,その目標が実際の状況に当てはまった内容になっているか,適切な内容になっているかを確認することが求められる。

Aさんの例で考えてみるならば,Aさんに心地よくデイサービスセンターを利用することができるという長期目標が,本当に妥当かどうかを吟味しなくてはならない。

さらに,長期目標に沿ったAさんのB老人デイサービスセンター利用のために立案した短期目標が,B老人デイサービスセンターで提供できるサービス等で対応できるものか,Aさんの生活課題・ニーズを充足するものになっているかを検討しよう。

このように,立案した目標の内容を十分に確認することで,次

の支援方法の設定をスムーズに進めることができる。

❺ 支援方法の設定

長期・短期の目標を設定したら，その目標の達成に向けた支援方法を検討しよう。利用者本人への直接的支援を進めるために，ソーシャルワーカーとして，何に対してどのようにはたらきかけるのか，その対象や方法を検討し，その根拠についても説明できることが求められる。

具体的な方法を検討するためには，いつ，どこで，誰が，何を，どのようにという「5W1H」をイメージするとよいだろう。

Aさんを例にして考えてみると，どのようにすればAさんがB老人デイサービスセンターでの時間を心地よく豊かに過ごせるのかを具体的に考えることになる。この目標設定をもとに，Aさんに対して，いつ，どこで（どの場面で），誰が（具体的な職種等），何を（具体的な支援の中身），どのように（具体的な方法や手立て）といった5W1Hを考え，それを計画に反映させよう。

これらを検討するにあたっては，これまで取り組んできた実習をふりかえっておく必要がある。「いつ，どこで」という場面を考えるなら，実習施設が，どのような支援プログラムを展開しているのかの理解が十分でないとイメージすることができないだろう。また，「誰が」についても，ソーシャルワーカーだけでなく，その実習施設でどのような職種がどのような専門性を発揮して支援をしているかということの，具体的な理解を前提としている。そのうえで，「何を」「どのように」が検討されることになる。

たとえば，B老人デイサービスセンターには，ソーシャルワーカーとしての生活相談員，介護職員，看護師（または准看護師），機能訓練指導員などの職種が配置され，それぞれの専門性を活かした具体的な業務を担当している。短期目標を達成するために，これらの職種がそれぞれどのようなサービス提供や支援をするのかを検討し，整理する必要がある。あるいは，特定の職種に限定しないで，他職種が協働して取り組む支援についても，それぞれの役割を整理しておくことが，支援の実効性を高めるうえで大切なことである。

支援計画の実施を見通した場合，実習生は自分をソーシャルワーカーと見立てて，自分の実施しようとする支援を具体的に考

5W1H
When（時期）
Where（場面）
Who（職種）
What（支援の内容）
Why（支援の根拠）
How（支援の方法）
→第1章第2節参照

職種
→第3章第2節参照

えていこう。AさんのB老人デイサービスセンターでの心地よさのために，落ち着いて1日を過ごすことのできる環境づくりや場の設定をどのように実施するのか，Aさんのやりたいことやできることをプログラムに盛り込むために，どの職種とどのような協働をするのかなどを具体的に検討する。ほかにも，Aさんと他の利用者とのかかわり場面をよく観察することで，利用者同士の関係性に着目し，グループダイナミクスを活用した支援方法も検討できる。他者とのかかわりを通して，Aさん自身が自らの生活課題や生きがい，希望，あるいはデイサービスセンターを利用する積極的な意味を考えてもらう機会になるかもしれない。そのことが，B老人デイサービスセンターだけでなく，Aさんの心地よい居場所を広げていくことにもつながる可能性をもつだろう。

　ここでは，AさんとAさんの環境，そしてその関係性に着目する力が求められる。Aさんをとりまく環境にはどのような社会資源があり，それがどの程度活用されているのか，逆に不足するものはないのかといったことも見立てていこう。そして，もし不足するものがあるとすれば，その理由は何で，それを改善するために，ソーシャルワーカーとしてどのような取り組みができるのかということを，社会変革の視点も含めて考えていけるとよいだろう。

❻ 実習生としての気づき

　支援計画書の作成から，実習生は三つのことに気づくだろう。
　一つは，Aさん自身のもつ力への気づきである。Aさんとともに支援計画を立案するなかで，Aさんのもつ力や強みを一層感じることができるだろう。ソーシャルワーカーとして，利用者自身のストレングスに着目する視点は非常に重要であり，そのことをこの支援計画の作成を通して学んでほしい。
　二つ目は，誰がどのような場面でどのような支援ができるのかを知っておく必要性である。ソーシャルワーカーは，他の専門職や家族，友人といったAさんをとりまく人々の力を理解することなしに，人々と環境との関係性や交互作用を盛り込んだ支援計画は作成できない。このことは，「人々と連携する力」の習得につながる大切なポイントになる。
　三つ目に，利用者はもちろん，家族を含めた環境にも目を向け

グループダイナミクス
グループのメンバーが影響しあって新しい動きを生み出していくこと。各メンバーに良くも悪くも影響する。

社会変革の視点
ソーシャルワークの定義（2000年）においても「社会の変革」が明記されているように，ソーシャルワーカーは制度や社会のしくみ，人々の意識を変えるために働きかける。

人々と連携する力
→序章第3節 ② 参照

ていくことと，この環境には地域社会が含まれるということである。家族を含めた環境という面では，あまり利用を好んでいない様子のAさんであっても，理由があってB老人デイサービスセンターに通い続けており，その理由を，Aさんと家族との関係性から見立てることが求められる。家族の考え，家族の生活，過去から現在に至るまでの家族関係などを十分に理解しておくことの必要性がわかるだろう。また，B老人デイサービスセンターは，在宅の高齢者に対する福祉サービスであり，Aさんは地域社会で生活をし，居場所を求めていることを念頭に置こう。Aさんの地

図3-4 思考のプロセス（イメージ図）

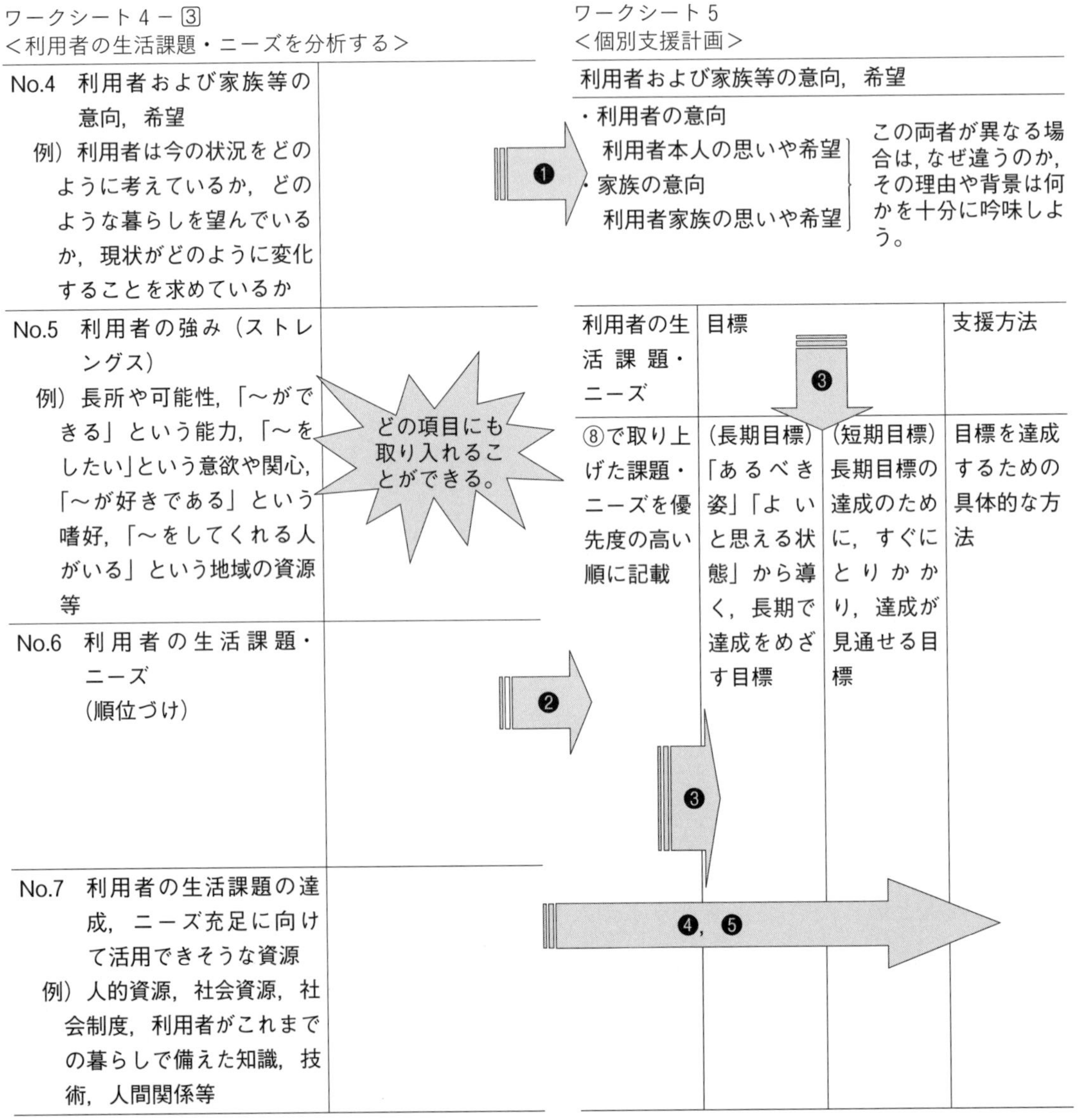

ワークシート4－③
＜利用者の生活課題・ニーズを分析する＞

No.4 利用者および家族等の意向，希望 例）利用者は今の状況をどのように考えているか，どのような暮らしを望んでいるか，現状がどのように変化することを求めているか	
No.5 利用者の強み（ストレングス） 例）長所や可能性，「～ができる」という能力，「～をしたい」という意欲や関心，「～が好きである」という嗜好，「～をしてくれる人がいる」という地域の資源等	どの項目にも取り入れることができる。
No.6 利用者の生活課題・ニーズ （順位づけ）	
No.7 利用者の生活課題の達成，ニーズ充足に向けて活用できそうな資源 例）人的資源，社会資源，社会制度，利用者がこれまでの暮らしで備えた知識，技術，人間関係等	

ワークシート5
＜個別支援計画＞

利用者および家族等の意向，希望

・利用者の意向
　利用者本人の思いや希望　❶
・家族の意向
　利用者家族の思いや希望

この両者が異なる場合は，なぜ違うのか，その理由や背景は何かを十分に吟味しよう。

利用者の生活課題・ニーズ	目標		支援方法
	（長期目標） ❸	（短期目標）	
⑧で取り上げた課題・ニーズを優先度の高い順に記載	「あるべき姿」「よいと思える状態」から導く，長期で達成をめざす目標	長期目標の達成のために，すぐにとりかかり，達成が見通せる目標	目標を達成するための具体的な方法

❷

❸

❹，❺

域社会における生活の一部分に，B老人デイサービスセンターがあるのである。Aさんの住む地域とはどのようなところなのか，そしてどのような社会資源があるのか，社会資源と老人デイサービスセンターの関係性はどうなっているのかも含めて，地域全体をアセスメントする力が求められている。

現状のB老人デイサービスセンターでは満足できていないAさんではあるが，何か楽しみにつながるようなプログラムがあれば，心地よく過ごしてもらうことができるかもしれない。そしてそのプログラムは，地域の社会資源の導入（たとえば，ボランティア団体）により達成できる可能性がある。あるいは，B老人デイサービスセンター以外のサービス等が支援計画に盛り込まれることにより，老人デイサービスセンターを利用する目的がより明確化するかもしれない。

Aさん一人の支援計画ではあるが，Aさん，Aさんの家族，Aさんの暮らす地域，そしてそれらとの関係性をふまえたうえで，立案することが必要となる。ここでは，個を支援するためには，同時に地域も見据えて支援する視点が必要であることへの理解を深めてほしい。

(2)「利用者と環境との関係性」の理解に基づく支援計画の説明

支援計画が出来上がったら，実習指導者にその内容を説明しよう。ここでは，他者に自らの実践を説明するという力，即ち，「ソーシャルワークを伝達する力」がとくに問われる場面でもある。

実習生は，利用者，利用者をとりまく環境，そしてその関係性に着目して，支援計画書を作成してきた。その過程のなかで，自分が，利用者と環境との関係性をどのように見立て，そこからどのような支援計画立案に至ったのかを説明する力を養っているはずである。実習生がこの実習を通して，「関係性」をどのように理解したのか，それをプレゼンテーションする場であることを強く意識していこう。

また，他者に説明する際に重要なのは，根拠をもって説明するということである。利用者や家族の意向をどのようにくみとったのか，なぜそれを利用者の生活課題として取り上げたのかなど，支援計画書に記述した内容一つひとつに対し，その理由を明確に

ソーシャルワークを伝達する力
→序章第3節 [2] 参照

説明する力
ソーシャルワークにおいては，利用者等に制度や支援の内容・方法を明確に説明することが求められる。アカウンタビリティと呼ばれる。

伝えることが求められる。根拠をもって説明できるということは，専門職としてのソーシャルワーク実践の科学性を説明することにもつながる。実習生の主観や感覚ではなく，ソーシャルワーカーの視点で利用者理解を深め，課題を分析し，それらを解決し，よりよい暮らしを実現するための方法として，何を考えたのか，それを明確に示せるようになることが，ソーシャルワーカーをめざす実習生としての大きな目標の一つである。

> **ソーシャルワーク実践の科学性**
> ソーシャルワーカー個々の経験や勘だけに頼るのではなく，科学的な根拠に基づいて支援の方法やアプローチが選択されるものであること。

(3) 支援計画の実施と評価

　限られた実習日数のなかでは，支援計画書の作成ができるまでのところで実習が終わる，というのが現実的であろう。

　しかし，ソーシャルワーク実践とは，立案した計画を実施（介入）し，それが利用者の生活や暮らしにどのような変化をもたらしたのかを評価（モニタリング）しながら展開するものである。実習施設によっては，支援の実施と評価の段階も含めた実習プログラムが準備されているところもある。その場合は，実習指導者の指導に沿って，これらに取り組むこととなる。

❶ 実施

　実習生が立案した支援計画に沿って，実際に支援を行う。利用者や家族に支援計画を提示し，了解を得るところからスタートする。利用者に対する支援の場面は，まさに，「援助関係を形成する力」「働きかける力」が発揮されるところであろう。

　支援計画の実施は，ソーシャルワーク実践のプロセスにおける「介入」を体験することである。実際に目の前の利用者に対し支援する体験は，利用者の反応や様子を直接感じとれる貴重な機会にもなる。実習生として学ぶ立場であるという謙虚な姿勢や気持ちを忘れることなく，真摯に取り組む姿勢が求められる場面だといえよう。

> **援助関係を形成する力・働きかける力**
> →序章第3節②参照

❷ 評価（モニタリング）

　立案した計画に沿って，支援を実施したあとは，それを評価する段階になる。あらかじめ設定していた目標がどれくらい達成できたのか，利用者はどのように変化したのかということをふりか

えってみよう。

　実習生が支援計画に取り組むことは、ソーシャルワーク実践のプロセスを実体験することにほかならない。同時に、PDCSAサイクルの体験ともいえる。支援計画は、PDCSAサイクルの「P」の段階であるが、P（Plan）に至るまでには、前章および前節にあるとおり、十分な事前学習と、職場実習、職種実習、ソーシャルワーク実習（前半部分で取り組んだアセスメント）という段階を経る。また、実際に支援をすれば「D」につながり、評価までできれば「C」を体験でき、そこには同時に、「S」も含まれる。再度計画を見直すことができれば「A」となり、PDCSAサイクルが一巡する。

　ソーシャルワーク実践のプロセスやPDCSAサイクルを具体的にイメージして実習に取り組むことで、効果的な学習ができるだろう。

PDCSAサイクル
→第3章第1節①参照

4　ふりかえりの方法とポイント

（1）実習日誌の作成

　ここでは、①支援計画立案・作成時、②計画実施時、③モニタリング時の三つの場面におけるふりかえりのポイントを、Aさんの事例を中心に示す。

　まず、支援計画を立案し作成する段階では、利用者や家族と直接かかわり、一緒に計画の立案に取り組んできている。そこで、利用者自身の希望や思いをどれだけ取り込めていたか、生活課題やニーズをふまえた支援目標の設定ができていたかを中心に考察しよう。考察にあたっては、支援計画の立案のためにどのような知識や技術を活用したのかについても整理しておこう。そして、その支援目標を達成するための具体的な支援方法が妥当なものとなっているかどうかを、日誌の作成を通してふりかえる。その際、実習指導者からの指導・助言はもちろん、利用者の反応なども参考になるだろう。

　次に支援計画の実施時には、利用者や利用者の家族の反応や評

価を中心にまとめていくとよい。立案した計画に沿った支援を実際に受けた利用者が，どのように感じたのかを中心に整理しよう。また，実際に自分が支援に取り組んでみて，何につまずき，どこが難しかったのか，あるいは，どの点は上手くいったのかということを，自分の実践としてふりかえり，実習日誌に書き込み言語化しよう。その際，実習指導者や職員の指導や助言，実習指導者等のスーパービジョンの中身を整理し，スーパービジョンからの気づきについても，記録しておこう。

モニタリングの場面では，実習生が取り組んだ支援について，利用者に聞き取り，成果と課題を記述するとよいだろう。実際の支援までには至らなかった場合でも，支援計画書をもとに，支援を想定しながらモニタリングすることもできるだろう。支援の妥当性と実効性がどうであったのかを中心に整理してみるとよいだろう。

(2) スーパービジョンによるふりかえり

この段階での実習指導者によるスーパービジョンでは，支援計画書の作成およびその説明ができるようになるための実習生の取り組みを支えることが中心になる。

支援計画書の作成は，単にワークシートを記入すれば終わりということではない。どのような理由・根拠をもって計画を立案したのかというプロセスが重要であり，利用者と環境との関係性が説明できなくてはならない。そのためには，関係性の見立てにつながる「アセスメントする力」はもちろん，その前提となる「援助関係を形成する力」，人や環境，その交互作用に「働きかける力」，多くの職種や地域住民など「人々と連携する力」が必要となる。

そして，これらを実習指導者に伝えることを通して，実習指導者とその内容をともにふりかえることができる。つまり，自らのソーシャルワーク実践としての成果の一つである支援計画を説明することを通して，「ソーシャルワークを伝達する力」を身につけていくことになる。

一方，実習指導者は，出来上がった支援計画書をもとに，作成に至るプロセスの説明を聞くことで，実習生のソーシャルワーカーとしての実践力を評価する。実習施設で作成した支援計画書

アセスメントする力
→序章第2節 ② 参照

人々と連携する力
→序章第2節 ② 参照

を開示し，職員の作成したものと実習生のものとを比較検討しながら，不足する点は何なのか，不足した理由はどこにあるのかなどを，一緒に検討する機会が設けられることもある。とくに，職員が作成した支援計画書との比較検討は，自分の今後の課題を見出すうえでも有効だといえる。

　実習指導者とのふりかえりの時間は，自らのソーシャルワーカーとしての実践力の到達度を確認できる場面であり，次の日の実習目標の設定や，実習後に取り組むべき課題などを見出せる機会となる。有意義な時間とするためにも，自らの実践（ここでは，個別支援計画の作成）を説明できるだけの準備をしてから，スーパービジョンに臨んでほしい。

　巡回指導によるスーパービジョンの場面においても，立案した支援計画を実習担当教員に説明することで，学びの到達度を確認することができる。たとえば，あまりうまく立案や説明ができなかったとしたら，なぜうまくいかなかったのかを実習担当教員とともにふりかえってみる。その理由が，事前学習の理解度によるものなのか，あるいは，実習での取り組み状況なのか，どのレベルでの取り組みが計画立案に影響しているのかを考えることをとおして，今後取り組むべき課題として，事後学習に含める事柄を見出すことができるだろう。

（3）事後学習に向けて

　アセスメントから始まる支援計画の立案および支援計画書の作成は，実際のソーシャルワークのプロセスであり，この段階での実習を通して，それまで抱いていたソーシャルワーカー像を具体化することができただろう。

　実習前と今を比較して，自分の抱くソーシャルワーカー像がどのように変化したのかをふりかえってみよう。新しい気づきや学びの深化はもちろんであるが，解決できなかったことやジレンマが生じた場面があったかもしれない。それら一つひとつをていねいにふりかえり，めざすソーシャルワーカー像と，自分の実践力とのギャップを問い直しながら，今後取り組むべき課題を明確にし，事後学習につなげていこう。

第3章 第5節のチェックポイント

- あなたが達成できた項目にチェックを入れよう。
- 達成できた・できなかった理由を説明してみよう。
- チェックポイントの内容が理解できない場合は，該当の本文を再度読んで理解しよう。

【本節での到達目標】
人々と環境との関係性を実習指導者等へ説明できる（ソーシャルワーク実習後半：支援計画）

☐1 利用者の抱える課題・ニーズを明確にすることができた。

☐2 利用者と環境との関係性をふまえた支援目標を設定することができた。

☐3 支援目標を達成するための具体的な支援方法を設定することができた。

☐4 立案した支援計画の内容と根拠を，実習指導者等に説明することができた。

☐5 スーパービジョンにおいて，支援計画書作成のプロセスを言語化し，ふりかえることができた。

ワークシート5 ——支援計画

⑨ 個別支援計画書

利用者および家族等の意向，希望	利用者の生活課題・ニーズ	目標（長期目標）／（短期目標）	支援方法

第4章

事後学習

第1節　事後学習の意義・目標と学び方

第2節　実習をふりかえりソーシャルワーカーとしての学びを説明できる

第3節　利用者を支援するため実習の学びが活用できる

第4節　実習教育を経た自己の成長をイメージすることができる

第1節 事後学習の意義・目標と学び方

1 事後学習の意義

　あなたは，養成校と実習施設との実習契約に基づき，配属実習に取り組んできた。実習を終えた今，どのような気持ちだろうか。やりきった思いで，達成感を味わっているかもしれない。やっとの思いで終了し，ほっとしているかもしれない。あるいは，クライエントと関係づくりができて，もっと実習を続けたかったと感じているかもしれない。実習教育は，配属実習で終了するわけではない。実習中の場面や体験をふりかえり，そこからソーシャルワーカーになるための今後の課題を導き出すことが求められる。あなたにはソーシャルワークの基礎的な七つの力がどの程度身についただろうか。事後学習にいかに取り組むかによって，ソーシャルワーカーとしての学びの深まりが異なってくる。

　第4章では，事後学習として事前学習や配属実習を具体的にふりかえる。そのうえで，ソーシャルワーカーとなった後の継続的な学びについて考察していく。ソーシャルワーカーとなりゆく私の礎となるものである。

　事後学習の第一の意義は，実習前と実習後の自身の変化や成長に気づくことである。実習計画書で示した自分自身の実習のテーマや達成課題と方法などの到達度を評価し，習得した七つの力を確認する。これらのふりかえりをとおして，自分自身の変化や成長に気づくことができるだろう。

　事後学習は，実習場面を思い出すことが目的ではなく，何をどのようにふりかえるのかが問われる。実習後に改めて配属実習中の具体的な場面をふりかえり，自分自身の価値と態度・知識・技術および七つの力をあらゆる角度から吟味することで，自分自身の姿に気づくことができるようになる。それらをもとに，ソーシャルワーカーとなりゆく私自身の今後の課題を明らかにすることが事後学習の第二の意義である。

ソーシャルワークの基礎的な七つの力
→序章第3節参照

事後学習は，実習中に体験し考察したさまざまなことを整理し，ジェネラリスト・ソーシャルワーカーになりゆく私にとっての課題を明確にするものである。実習施設での体験をふりかえることで，固有の経験からソーシャルワークの学びへと変換していく意味もある。講義科目や演習科目と関連づけながらふりかえることが求められる。

　実習の目的は，ソーシャルワークのための基礎的な七つの力を身につけることを目的としていた。実習を終えた今，あなたはこの七つの力がどのように身についたと感じるだろうか。あるいは，これからどの力をつけることが今後の自分自身の課題だと考えるだろうか。あなたの成長と変化について具体的にふりかえってみよう。

2　事後学習の目標と学び方

　事後学習の目標は，事前学習から取り組んできたあなた自身の学びをより深め，今後の課題を明確にすることにある。具体的には，以下の2点を目標としている。

　1点目は，配属実習をふりかえり，ソーシャルワーカーとしての学びを説明できることである。事後学習では，講義科目や演習科目と併せて，事前学習から配属実習を通して学んできたことを整理し，言語化していく。実習を終えた今，講義科目・演習科目で学んだことと実習で体験したことを関連づけて，言語化してみよう。

　2点目は，ソーシャルワークの基礎的な七つの力の到達度を具体的にふりかえることである。実習は，単にソーシャルワークの実践現場を体験するにとどまらず，七つの力を身につけることを目的としている。実習をとおしてあなたには，どのような力が身についたのか，ふりかえってみよう。

　これらの目標を達成するための具体的な事後学習の学び方として，このテキストでは，配属実習をふりかえることに加え，ソーシャルワーカーとしての将来を見据えたふりかえりの視点で学んでいく。具体的には，①配属実習のふりかえり，②実習指導およ

び講義科目・演習科目のふりかえり，③ソーシャルワーカーとなりゆく私の学びの三つの視点から学んでいく。

❶ 配属実習のふりかえり

　最も狭義の実習教育は，実習施設における配属実習である。配属実習をふりかえるために，実習計画書や実習プログラム，実習日誌等のツールを用いてふりかえる。また，ジレンマ，実習スーパービジョンの視点からふりかえりを行う。

❷ 実習および講義科目・演習科目のふりかえり

　実習および講義科目・演習科目のふりかえりでは，配属実習のふりかえりをふまえて，実習指導のふりかえりと，ソーシャルワークの基礎的な七つの力の到達度からのふりかえりを行う。そのうえで，講義科目・演習科目からのふりかえりを行い，今後の課題を明確にしていく。

❸ ソーシャルワーカーとなりゆく私の学び

　❶・❷のふりかえりをふまえ，専門職として学び続けるための課題と方法を見出すのが，ソーシャルワーカーになりゆく私の学びである。実習場面におけるスペシフィックな体験は，ジェネラリスト・ソーシャルワークへ変換する必要がある。今後のあなたの実践現場がどのようなところであれ，目の前のクライエントに援助できることが求められる。実習の学びを活用するにはそれをふまえ，ソーシャルワークの専門職として価値と態度・知識・技術を卒業後も学び続け，七つの力を身につける必要がある。そのためにも，実習教育を経た自己の成長をイメージして，事後学習に取り組もう。

　事後学習の目標を達成するために，今一度，自分自身の事前学習から配属実習までの取り組みをふりかえってみよう。実習が始まるまでは，自分ひとりの力で実習ができると思っていたかもしれない。しかしながら実習は，多くの人の支えがあって成立している。どのような支えがあって，あなた自身の実習が成り立っていたのか，そのことをふりかえり，気づくことも事後学習の大きな学びの一つである。

配属実習
→第3章参照

スペシフィック
→科目「相談援助の基盤と専門職」の学習内容

ジェネラリスト・ソーシャルワーク
→科目「相談援助の基盤と専門職」の学習内容

第2節 実習をふりかえりソーシャルワーカーとしての学びを説明できる

第2節では，実習をふりかえってソーシャルワーカーとしての学びを説明できるために，配属実習と実習教育全体からのふりかえりを行う。

1 配属実習のふりかえり

（1）実習計画書と実習プログラム

実習前にあなたには実習指導者からどのような実習プログラムが提示されただろうか。それをふまえてあなたは，どのような実習計画書を作成しただろうか。そして，事前訪問で双方をどのように実習指導者とすり合わせ，実習中にそれらをどのように活用しただろうか。あるいは，日々の日課に取り組むことに精いっぱいで，実習計画書や実習プログラムを十分に活用する余裕はなかっただろうか。実習前は，実習施設のイメージがなかなかつかめず，思い悩んだかもしれない。実習指導者に実習のテーマをうまく伝えられず，情けない思いをしたかもしれない。あるいは，事前訪問等で実習指導者と意見交換するなかで，実習に向けての助言を受けて，改めて実習計画書を見直したかもしれない。

実習が終わった今，もう一度，実習計画書と実習プログラムを見直してみよう。今のあなたであれば，どのような点に気づくだろうか。

実習計画書と実習プログラムは，車の両輪のような関係であり，両方がそろって実習が成立するといえる。この二つは実習中のあなたの進むべき道を照らし出すものである。あなたは実習指導者が実習プログラムで示していた実習課題（ねらい）や実習内容を意識して，日々の実習に取り組めていただろうか。実習中のあなたの歩みは，それらに沿ったものであっただろうか。あるいは，

実習計画書
→第2章第3節参照

実習プログラム
→第2章第3節参照

ずれてしまっただろうか。これは，どちらがよいというものではない。なぜ実習計画書や実習プログラムに沿うことができたのか，あるいはできなかったのかを考えることで，実習の流れと実習プログラムの意図を改めて理解できる。

あなたの設定した実習のテーマ，達成課題と方法は，人々と環境の関係に働きかける内容になっていたか，今一度ふりかえってみよう。あなたは実習計画書の達成課題をどの程度達成しただろうか。それらを達成するためには，実習前にどのような事前学習に取り組む必要があったのだろうか。そして，あなたは自分の実習計画書の達成課題と方法に取り組むことで，ソーシャルワークの基礎的な七つの力がどの程度身についたとふりかえるだろうか。

（2）実習日誌

実習日誌
→第3章第2節～第5節参照

実習を終えたあなたは，今どのような思いで目の前にある実習日誌を見ているだろうか。実習を終えて，あなたは実習日誌を読み直しただろうか。実習では毎日の体験に加え，それらを記録にして残すことが求められる。実習日誌は，ソーシャルワーカーになりゆくあなたにとって，初めての実践記録ともいえるものである。あなたは，どのような記録を残し，それに対して，実習指導者からどのような助言を受けただろうか。

実習中は，自分の実習日誌を読み返す余裕はなかったかもしれない。しかし，実習を終えた今，実習指導者のコメントと合わせて読み返すことで，実習中には気づかなかったことに新たに気がつく可能性がある。実習から日にちを置いて，ふりかえることの意味がここにある。実習中は無我夢中で理解できなかったことが，後日改めて実習日誌を読み返すことで，実習指導者のコメントに込められたメッセージに気づき，実習場面の意味づけと新たな気づきが得られるだろう。

また，配属実習が終了した今，実習期間中の体験で，実習日誌に書かなかったこと，書けなかったことをふりかえることも重要である。実習体験のなかには，楽しかったことやうれしかったことだけでなく，苦しかったこと，つらかったことも多くあったと思う。それらの場面や出来事について，なぜ自分自身がそのように感じたのかをふりかえることは，実習での学びを一段と深める

ことになる。単に人手が足りない，制度が不十分，といった表層的な考察にとどまらず，なぜそのようなことが起きるのか，ソーシャルワーカーはそのような現実にどのように立ち向かっているのか，どのような経過で今に至っているのか，その背景まで見ることによって，気づきは深まるだろう。実習を終えた今，実習日誌を読み返すことで，あなたは何に気づくだろうか。実習日誌を読み返すことは自らの実践をふりかえる力に直結する。実習日誌を活用したふりかえりをすることによって，実習日誌は，ソーシャルワーカーとなったあなたの宝物になるだろう。

(3) 実習場面とジレンマ

あなたは配属実習をふりかえって，どのような場面が一番印象に残っているだろうか。なぜ，その場面が印象に残っているのだろうか。

実習中は，さまざまな場面に遭遇し，ソーシャルワークの価値と態度・知識・技術について向き合い，考えさせられる場面もあったことだろう。ときには，援助場面からジレンマに苦しんだかもしれない。あるいは，制度の狭間にある問題に気づき，ジレンマに直面したかもしれない。ソーシャルワーカーが専門職としての価値に依拠した実践をしていくうえで，ジレンマを避けては通れない。対人援助の専門職としてジレンマに向き合う勇気が必要である。

どのような場面でジレンマにさらされたのか，今一度ふりかえってみよう。たとえば，実習施設を利用することに対して，クライエントと家族の意見が異なり，自己決定の尊重という視点から，あなたはジレンマにさらされたかもしれない。実習場面とソーシャルワークの価値や倫理にどのようなズレがあるから，あなたはジレンマに直面したのだろうか。これらのズレが生じる背景を見ることで，ジレンマへの対処方法も見えてくるだろう。そのうえで，実習をとおして学んだことを言語化し，今後の課題を明確にする作業に取り組んでみよう。

実習スーパービジョン
→第1章第3節参照

スーパービジョン
→科目「相談援助の理論と方法」の学習内容

グループスーパービジョン
ひとりのスーパーバイザーが複数のスーパーバイジーに対し実施するもの。スーパーバイジーが意見交換するなかで、学習効果が高まる。

グループダイナミクス
→第3章第2節参照

（4）実習スーパービジョン

　あなたがソーシャルワークの専門職であるために受けた最初のスーパービジョンは、この実習スーパービジョンといえる。実習スーパービジョンは、実習指導者と実習担当教員の二者から行われる二重のスーパービジョンであり、事後学習では実習担当教員が実施する。

　あなたは実習前や実習中に、どのような実習スーパービジョンを受けてきただろうか。そして、それは、実習を終えた今、どのような学びにつながっているだろうか。あなたにとってのスーパーバイザーは、実習担当教員であったり、実習指導者であったり、そのときどきで変化するが、あなたがソーシャルワーカーとして成長できるよう、支える存在となる。

　事後学習におけるスーパービジョンは、事前学習、実習中のスーパービジョンとの連動を意識しながら、実習場面をふりかえりつつ、クライエントへの援助が向上するよう、ソーシャルワーカーとしての成長をめざすものである。その方法として、個々の学生に対して行う個別スーパービジョン、複数名の実習生に対して行うグループスーパービジョン、実習生同士で行うピアスーパービジョンなどがある。いずれの方法であったとしても、あなたはスーパーバイジーとして、積極的に発言し、真摯に向き合うことが求められる。

　とくに、グループスーパービジョンやピアスーパービジョンでは、スーパーバイザーだけでなく、他の学生、つまりスーパーバイジー同士のやりとりから、より多くのことに気づける可能性がある。自分ひとりの体験や学びで終わらせず、グループダイナミクスによりそれぞれの学びを共有することができる。あなたは事後学習の実習スーパービジョンにどのように向き合い、何に気づき、学びを深めるだろうか。自分自身の実習場面での学びを言語化し、伝えることができるようになってほしい。「自らの実践をふりかえる力」と「ソーシャルワークを伝達する力」を発揮することが、実習後のスーパービジョンをより効果的なものにする。そして、実践者となった後も、スーパービジョンを継続して受けることで、今度はあなたが実習指導者として、スーパービジョンを実践する立場へと成長していけるのである。

2 実習および講義科目・演習科目のふりかえり

　実習および講義科目・演習科目のふりかえりは，実習科目，七つの力の達成度，講義科目・演習科目の三つの視点から行う。

(1) 実習科目のふりかえり

❶ 実習の評価

　配属実習は体験すればよいものではなく，評価を伴う。評価は事後学習を効果的に行うためにも必要である。実習に対する評価は，大きく分けて二つある。一つ目が学生自身による自己評価であり，二つ目が実習指導者等による他己評価である。自己評価は，あなた自身が実習をふりかえり，評価項目に沿って自分自身を評価するものである。他己評価は，あなた以外の人があなたを評価するものである。実習指導者や実習担当教員だけでなく，実習施設のクライエントがあなたの実習を評価することもある（図4-1）。

　あなた自身は，自分の実習をふりかえって，どのような自己評価をしただろうか。それは，事前学習の段階や実習中の自己評価と，どのように異なっているだろうか。なぜ，あなたはそのような自己評価をつけたのか，その根拠を説明できるだろうか。評価

実習の評価
→第1章第3節参照

図4-1　四者の評価

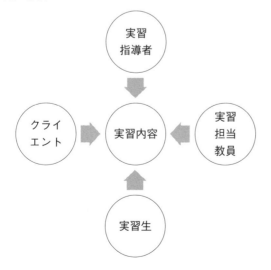

が変わることには，さまざまな理由がある。実習をとおしてできることが増えたからかもしれない。あるいは，ふりかえる力が身についたことが影響しているかもしれない。自らの実践をふりかえる力が身につくことで自分自身の姿を正当に評価できるようになったり，あるいは，次の段階へ成長することにより，自己評価は下がることがあるかもしれない。自己評価は高いからよい，低いから悪いといった単純な問題ではなく，なぜ自己評価が変化したのかその根拠を言語化し，説明できることが求められる。

　また，あなたの自己評価は他己評価とどのような点が同じで，どのような点が違っていただろうか。そのズレをあなたはどのように受け止めただろうか。

　実習指導者の実習評価には，あなたがソーシャルワーカーになりゆく際のヒントが多く隠されている。実習評価表に書かれているコメントは，実習生としてのあなたを総合的に評価したものが書かれている。評価表の開示については，養成校によってその対応は異なるが，開示されない場合であっても，事後指導にはその内容が反映されている。

　大事なことは，評価そのものに一喜一憂するのではなく，ソーシャルワーカーになりゆく際の今後の課題を見出すことである。実習指導者や実習担当教員は，さまざまな場面を通して，あなた自身の実習に対する取り組みを評価している。ソーシャルワーカーになりゆく者として，自分自身がどのような力をもっているのか，どのような力が不足しているのか，実習評価をとおして，自分自身を過不足なく評価し，自らの実践をふりかえる力を身につけてほしい。

❷ 実習報告会

　実習が終了し，事後学習を進めるなかで，実習報告会が行われる。実習報告会の方法はさまざまである。実習生全員が報告する場合もあれば，グループで共同発表する場合もあるだろう。

　そのためにも，自らの実践をふりかえる力と，それを言語化し，ソーシャルワークを伝達する力が必要となる。実習報告会は，実習施設の紹介や実習中に体験したこと，取り組んだことを発表する場ではない。実習中に体験したことから，あなた自身がソーシャルワークをどのように理解したのかを報告する場である。あるい

は，事後学習で，他の実習生たちとそれぞれの実習体験を共有することにより，自分自身の実習で学んだことに加え，新たに気づき学んだことを言語化し，伝達する場となる。

　実習報告会の形式は，養成校やクラスの状況によって異なると思うが，実習報告会の目的は共通している。配属実習や事後学習をとおしてのあなた自身の成長と変化について，発表する場としてほしい。その際，講義科目・演習科目で習得したプレゼンテーションの技術をぜひ活用してほしい。そのうえで，実習報告会で得られた新たな学びをソーシャルワーカーになりゆく私の課題として，取り組む姿勢をもってほしい。実習報告会は，自らの実践をふりかえる力と，ソーシャルワークを伝達する力を発揮する場といえる。

プレゼンテーション
→「相談援助の理論と方法」の学習内容

❸ 実習報告書

　実習報告書は，配属実習を終えて，改めて実習場面をふりかえり，学んだことなどを言語化するものである。実習報告書の項目は，基本的に実習のテーマと達成状況，事前学習の取り組み，実習内容・実習プログラムの概要，実習をとおして学んだこと，ソーシャルワーク専門職となりゆく私の今後の課題である。実習終了後，時間をおいてふりかえることで，新たな気づきが得られる可能性がある（図4-2）。

　実習を終えて，実習報告書を書く段階になり，あなたは実習のどのような場面が一番印象に残っているだろうか。それはなぜだろうか。その部分に，あなたのソーシャルワーカーとしての学びや気づきのヒントがある。

　あなたは，実習前に実習科目だけでなく，講義科目・演習科目を通して，専門職としての倫理について学んできた。ソーシャルワーカーの倫理綱領や社会福祉士の行動規範などに目を通し，実習生であったとしてもソーシャルワーカーと同じように専門職としての倫理が問われることを理解し，実習に臨んだことだろう。それゆえに，実習中にジレンマに陥った場面もあったかもしれない。実習日誌には書けなかったジレンマについても，実習報告書をまとめる段階では，しっかり向き合ってほしい。

ソーシャルワーカーの倫理綱領
→巻末資料参照

　実習をとおして学んだことの項目では，実習中のどの場面が印

図4-2　実習報告書

```
実習施設種別 _____
実習施設名称 _____
実習期間    ____年___月___日 ～ ____年___月___日
1．実習のテーマと達成状況
1）実習のテーマ


2）達成状況に対する自己評価


2．事前学習の取り組み


3．実習内容・実習プログラムの概要


4．実習をとおして学んだこと（ソーシャルワークの価値と態度・知識・
  技術を中心に）


5．ソーシャルワーク専門職となりゆく私の今後の課題
```

象に残っているのかふりかえってみよう。なぜ，その場面があなたの印象に残っているのだろうか。あなたはその場面から何を学んだのだろうか。具体的な実習場面を七つの力をもとにふりかえることで，ソーシャルワークの価値と態度・知識・技術について，より具体的な学びへとつなげることができる。そこでの学びをもとに，ソーシャルワーク専門職となりゆく私の今後の課題を考えてみよう。それを達成するために，具体的にどのようなことに取り組んでいくのか，明確にすることが重要である。

（2）ソーシャルワークの基礎的な七つの力の到達度のふりかえり

実習を始める前に，ソーシャルワークのための基礎的な七つの力について学んだが，実習を終えた今，もう一度七つの力から，実習をふりかえってみよう。ここでは，老人デイサービスセンターで実習したと想定して，一緒に七つの力の到達度についてふりかえってみよう。

▶事例の概要

あなたは老人デイサービスセンターで実習を行い，利用中のAさんについて，個別支援計画を立案した。Aさんの主訴は，「本

> ソーシャルワークの基礎的な七つの力
> →序章第3節参照

当は老人デイサービスセンターなんて行きたくない。集団は苦手なので，ここ（老人デイサービスセンター）に来ても一人の時間がほしい」というものであった。そこで，あなたは「老人デイサービスセンターを心地よく利用することができる」ことを目標として個別支援計画書を作成し，実習指導者に提出した。

❶ 人々との関係を形成する力

　人々との関係を形成する力は，「個人，家族，小集団・組織，地域コミュニティの人々と関係を形成できる力」を意味していた。人間関係をつくるため，人々とかかわり，ソーシャルワークという目的をもった関係づくりのための力である。実習施設であなたは，誰とどのような人間関係が結べただろうか。実習初日の関係を形成する力と実習終了時の関係を形成する力はどのように変化しただろうか。

　老人デイサービスセンターで実習をする場合，クライエントをはじめ，家族や実習施設の職員などと関係を形成する力が求められる。人々との関係を形成する力は，単にあいさつや言葉を交わすことにとどまらず，援助関係を形成する力へつなげる力でもある。援助関係を形成するには，相手のことを理解し，かかわることのできる力が求められる。事前学習で取り組んだ利用者理解の学習が，ここで発揮される。

　あなたは，実習先で出会う人々に対してどのようにかかわろうと考え，行動しただろうか。Aさんに初めて会ったとき，どのような言葉を交わし，その後どのように関係を形成してきただろうか。サービス「利用者」という視点ではなく，地域社会で暮らす「生活者」という視点でAさんとかかわることができただろうか。実習を終えた今，もう一度，人々との関係を形成する力，人々とかかわることのできる力を見直してみよう。

❷ 援助関係を形成する力

　援助関係を形成する力は，「人々と専門的な援助関係を形成できる力」を意味していた。クライエントへの援助のための関係づくりであり，専門的な援助関係をつくることができる力が求められる。あなたはAさんの個別支援計画を立案するためには，どのような援助関係を形成することが必要だとふりかえっただろう

か。

　老人デイサービスセンターでは，多くのクライエントがサービスを利用していただろう。また，多くの専門職や関係者がいただろう。それらの人々と人間関係を形成するとともに，一歩進んで，クライエントと援助関係を形成するための力が求められる。

　あなたは実習施設で，人々との関係を形成する力を基盤として，次第にAさんとの関係性が構築できてきたことだろう。専門的な援助関係を意識したとき，あなたとAさんのかかわりはどのように変化しただろうか。専門的な援助関係は，あなたが実習前に行った現場体験学習におけるクライエントとの関係性とどのように異なっただろうか。Aさんとの専門的な援助関係を構築したいと考え，意図的にかかわったからこそ，あなたはAさんの思いを引き出すことができた。人々との関係を形成する力と援助関係を形成する力は，どの部分が共通したもので，どの部分が異なると感じただろうか。

❸ アセスメントする力

　アセスメントする力は，「人々と環境との関係をアセスメントできる力」を意味し，クライエントの生活課題の把握のためにクライエントと環境，それらの関係性についてアセスメントする力であった。

　個別支援計画を立案するにあたって，Aさんに対しあなたはどのようにアセスメントする力を発揮しただろうか。アセスメントシートにある項目の情報収集を行えば，よいプランが立案できるわけではない。情報収集をしたうえで，どのような問題・課題をクライエントが抱えているのか，人と環境の交互作用の視点をもって，分析する力が必要である。

　アセスメントシートにある項目の状況に対し，Aさん自身はどのように感じているのか，どうありたいと考えているのか，Aさんの側から理解することが必要である。なぜAさんは，デイサービスセンターに通っているのだろうか。客観的な事実とAさんの主観的な事実にどのようなズレが生じているのか，このズレを分析することが，本人主体の個別支援計画を立案する基礎となる。

　アセスメントは，できる・できないといったことを単に情報収集するにとどまらず，クライエントの立場に立って，クライエン

交互作用
→序章第2節参照

客観的事実と主観的事実
事実には，誰の目から見ても明らかな客観的事実と，その事実をその人がどのように受け止めているのかという主観的事実がある。

トと環境との関係性を含めてアセスメントすることで，より具体的な計画立案につながる。事前学習であなたは地域の社会資源について学習したことだろう。人々と環境との関係性をアセスメントする際に，その事前学習は活かされただろうか。あなたはどのようなことに留意しながら，アセスメントを行っただろうか。

　ソーシャルワーク専門職のグローバル定義では，全体的，生物―心理―社会的なアセスメントだけでなく，スピリチュアルなアセスメントと介入の必要性についても述べている。このように幅広い視野でアセスメントする力が求められる。この視点に立ち，今一度，自分自身が実習中に取り組んだアセスメントシートを見直し，アセスメントする力をふりかえってみよう。

❹ 働きかける力

　働きかける力は，「人々と環境との関係に働きかけができる力」を意味し，クライエントとそれをとりまく環境との関係に向けて，働きかけができる力である。

　あなたは，Aさんが心地よく老人デイサービスセンターで過ごせるような支援計画を立案した。Aさんにとっての心地よい状態とは具体的にどのような状態だと考えただろうか。そしてその心地よい状態を実現するために，Aさんをとりまく環境のどの部分にどのように働きかけようと考えただろうか。

　実際のソーシャルワーカーは，支援計画を立案した後，支援計画実施のために，さまざまな関係者に働きかける力が必要とされる。関係者は，本人や家族をはじめ，サービス事業所であったり，地域のボランティア団体であったり，近隣の方であったり，ミクロレベルからマクロレベルまでさまざまである。ときには，新たな社会資源を開発するために，地域に働きかけることもある。

　クライエントが地域社会で暮らすことを援助するには，個を支える地域をつくる援助，地域福祉の基盤づくりが必要となる。これらに対し働きかけるために，これからあなたはどのような力をつけていけばよいのだろうか。それぞれの機関のどの窓口，どの担当者に働きかけると，その生活課題が解決するのだろうか。社会資源の事前学習は，どれくらい役に立っただろうか。そのふりかえりを含めて，実習後の課題として，働きかける力の到達度について考えてほしい。

スピリチュアル
WHOは，人間として生きることに関連した経験的一側面であり，身体的感覚的な現象を超越して得た体験を表す言葉と定義している。生きる意味や目的への関心や懸念とかかわっていることが多いとされる。村田久行は「自己の存在と意味の消滅から生じる苦痛」をスピリチュアルペインと定義している。

社会資源
→科目「相談援助の理論と方法」「地域福祉の理論と方法」の学習内容

個を支える地域をつくる援助，地域福祉の基盤づくり
岩間によると地域福祉援助とは，「地域を基盤としたソーシャルワーク」と「地域福祉の基盤つくり」を一体的にとらえている。これらを実践するときに，個を地域で支える援助と個を支える地域をつくる援助，地域福祉の基盤つくりがある。

❺ 人々と連携する力

　人々と連携する力は、「社会変革に向けて人々と連携できる力」を意味し、クライエントを援助するために、さまざまな人やサービス、機関などと連携することができる力である。この場合、既存の制度やサービスでは対応できない課題等に対し、新しい仕組みをつくりだすために働きかけ、連携することも含んでいる。

　あなたは老人デイサービスセンターの実習で立案した個別支援計画を実施する際に、どのような人々と連携する必要があると考えただろうか。たとえば、Aさんが老人デイサービスセンターで心地よく過ごすために、まず老人デイサービスセンターの職員とどのような連携が必要だと考えただろうか。老人デイサービスセンターにおけるチームアプローチも、人々と連携する力を発揮することが求められる。場合によっては、老人デイサービスセンターの職員だけでなく、地域の方々と連携し、協力を得ることでその目標を達成できる可能性も見えてくる。

　また、独居の高齢者で見守りが必要な場合、家族はもちろん近隣の方々と連携する力を発揮することもあるだろう。あるいは、家族にも近隣にも見守りをお願いできない場合は、新たに見守りネットワークを構築するために必要な関係者や団体と連携することを考えただろう。このように連携する力を発揮することで、援助の可能性が広がってくる。

　実際の実習場面では、人々と連携する力を発揮する機会はなかったかもしれない。しかし、たとえば、実習指導者とともに参加した地域のさまざまな会議で、連携することの大切さを直に学んだ人もあっただろう。個を支える地域づくりのためには、地域のボランティア団体や民生委員、NPO法人などの関係団体に働きかけ、連携する力が求められる。ソーシャルワーカーとして人々と連携するために、あなた自身に求められることについて考えてみよう。

❻ ソーシャルワークを伝達する力

　ソーシャルワークを伝達する力は、「ソーシャルワークを言語化し伝達できる力」を意味していた。あなたは自身の作成した個別支援計画について、Aさんや実習指導者に対して、どのような説明をしただろうか。事前訪問の際の言語化できる力と比較して、

図4-3 言語化の図

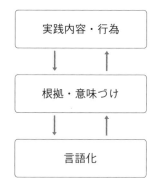

出典：村田久行『援助者の援助――支持的スーパービジョンの理論と実際――』川島書店，2010年，p.11を一部改変

現在，言語化し伝達する力は，どの程度身についただろうか。

　ソーシャルワーカーが専門職であるためには，自らの実践内容やその根拠を言葉にして伝えることは，最低限求められることである。図4-3に示すように，自らの実践内容や行為に対し，どのような意味や根拠があるのか意味づけを考えることにより，言語化の作業を進めることができる。また，言語化ができることにより，意味や根拠を言葉で伝えることが可能となり，そしてそのことにより実践できるようになる。

　実習を終えたあなたは，どのようにして言語化に挑戦しているだろうか。実習日誌の記録などを通して，言語化の難しさを痛感したかもしれない。あるいは，クライエントとコミュニケーションを図るなかで，伝わる喜びを感じたこともあっただろう。ソーシャルワーク実践を他職種に対して伝えていくことは，ソーシャルワークそのものの意味や根拠を明確にしていくことになる。このことは，あなた自身にソーシャルワーカーとしての存在意義や存在価値をもたらすことにもつながるだろう。言語化の作業は険しい道のりでもあるが，ソーシャルワークを伝達する力をつけるためにも，これからぜひ継続して取り組んでほしいものである。

❼ 自らの実践をふりかえる力

　自らの実践をふりかえる力は，「実践経験に向き合い，六つの力の変化に気づき，それをソーシャルワーク実践に活かすことができる力」を意味していた。あなたは老人デイサービスセンターにおける実習をとおして，どのように自らの実践をふりかえるだ

ろうか。

　専門職として自らの実践をふりかえるには，自己覚知が欠かせない。しかしながら，実習生が自分一人の力で自身の実践をふりかえるには限界がある。自らの実践をふりかえる効果的な方法としてスーパービジョンがある。あなたは，実習前から実習後を通して，実習指導者と実習担当教員から実習スーパービジョンを受けてきたことだろう。

　スーパーバイザーは，実習場面をふりかえる際のあなた自身の姿を映し出す鏡の役割を果たす。自分自身の姿を見つめる作業はときに痛みを伴い，辛いものであるが，これを乗り越えなければ，専門職として成長することはできない。その痛みを軽減する働きが，スーパーバイザーの支持的な態度である。スーパーバイザーが適切に支持的機能を発揮することによって，あなたは安心して自分自身の姿を見つめ，ふりかえることができるであろう。

　自らの実践をふりかえる力は，ソーシャルワーカーとなったのちも，専門職である限り求められるものである。卒業後も，七つの力が，どの程度身についたのか自らの力に気づき，それを実践場面に活かすために自己研鑽に励んでほしい。

　ソーシャルワーカーとして成長するために，スーパービジョンを受けることは効果的である。スーパーバイジーとしての経験を重ねるなかで，七つの力を身につけ，いつの日かスーパーバイザー（実習指導者）へと成長してほしい。

（3）講義科目・演習科目からのふりかえり

　配属実習は，実際に実践現場に身を置き，体験することに大きな意味がある。しかしながら，体験するだけでは，学びを深めることはできない。実習体験を，これからソーシャルワーカーとなりゆくあなたにとって，学びのあるものにするためには，講義科目や演習科目と関連づけて，ふりかえる作業が必要である。

　実習教育のねらいの一つに「わかる」から「できる」ようになることがあった。この場合の「できる」とは，ソーシャルワークの価値と態度・知識・技術に基づき，ソーシャルワークの基礎的な七つの力を身につけることを目的としていた。これらを身につけ発揮するためにも講義科目・演習科目からのふりかえりが欠か

自己覚知
専門的な援助関係を形成し，クライエントを主体とした援助を実践するために，援助者が自己の価値観や感情などについて理解しておくこと。

せない。

　老人デイサービスセンターで実習したあなたは、そこでの学びを講義科目・演習科目とどのように関連づけるだろうか。たとえば、クライエント理解を深めるとき、ソーシャルワーカーの業務全般を学ぶとき、あるいは実際にAさんの個別支援計画を立案することになったとき、どのような知識が必要だっただろうか。それらはどの科目で学んだことだっただろうか。今のあなたであれば、実習に行く前に、事前学習でどのようなことを学んでおく必要があったと考えるだろうか。そしてそれらはどのように関連していただろうか。

　講義科目で知識を学んでいたころは、それらの知識は点として存在し、それぞれの関連性が見えにくいこともあっただろう。演習教育が始まり、ロールプレイや事例検討をするなかで、クライエント理解のために、さまざまな知識や技術が求められ、それらは相互に関連しあっていることを感じただろう。実習場面では、知っている知識や技術を援助場面で使えるものに変換していくことの必要性も十分感じたことだろう。そして、実践するためには、ソーシャルワークの価値に依拠しなければならないことにも気づいただろう。このように、講義科目・演習科目と関連づけ、これらを循環させることにより、より学びが深まる。演習科目は、実習と関連づけて学ぶことの効果を鑑み、実習をはさんで、その前後に位置づけられている。講義科目・演習科目との関連を意識して、事後学習に取り組んでみよう。

　実習体験を通してあなたには多くの課題が見えてきただろう。実習を終えた後もソーシャルワーカーとしての価値と態度・知識・技術の習得に向けて、新たな課題を設定し、くりかえし取り組んでみよう。そして体験したことを、理論と関連づけながら学んでいくことに取り組んでみよう。

3 ソーシャルワーカーとなりゆく私の今後の課題

(1) ジェネラリスト・ソーシャルワーカーを目指して

あなたは，どのような施設種別で実習をしただろうか。あなたは講義科目や演習科目で，ジェネラリスト・ソーシャルワークについて学んできただろう。事後学習はスペシフィックな実習体験をジェネラリスト・ソーシャルワークへ変換する場となる。

実習場面は，その実習施設種別に固有のスペシフィックな体験である。たとえば，老人デイサービスセンターで実習をしたあなたは，高齢者のなかでも，地域社会のなかで暮らし，老人デイサービスセンターを利用する人に限定してかかわったといえる。実習施設と同法人の別の種別の施設でさまざまな取り組みについて学んだとしても，実習体験そのものはスペシフィックなものといえる。

ジェネラリスト・ソーシャルワークは，実践領域や対象に共通する単なる基礎的または入門的な内容を意味するものではない。大きさの異なる各システム（個人，グループ，地域等）に関する特性をおさえたうえで，人々と人々を取り巻く環境という複数のシステム間の交互作用を促進させる実践的な視点をもっている。

実習中にあなたは，クライエントのAさんとかかわってきた。また，老人デイサービスセンターのレクリエーション等を通して，グループにかかわる機会もあっただろう。そして，地域社会で暮らすAさんを援助するために地域社会に働きかける援助，つまり個を支える地域をつくる援助の一端に触れたかもしれない。かかわる対象者は，個人・グループ・地域社会とそれぞれ異なるが，共通するものはなかっただろうか。

実習施設での固有な体験を踏まえて，どのようなクライエント，場面であっても対応できるよう，共通の援助方法を見出すことに事後学習では取り組んでいく。たとえばあなたは，老人デイサービスセンターのAさんに対して個別支援計画書を作成した。この学びのプロセスが，障害者支援施設で暮らす人々への援助や，地域における福祉計画を作成する際のプロセスに役立つよう，共通の学びへと変換する必要がある。これは，実習生個人の努力だ

ジェネラリスト・ソーシャルワーカー
→科目「相談援助の基盤と専門職」の学習内容

けでは困難なため，事後学習の場で，スーパービジョン等を通して行うことで可能となる。

　私の固有の体験を，事後学習で他の実習生と共有することは，とても重要である。自分と異なる実習施設種別で実習した実習生と，事後学習で意見交換することによって，その実習施設種別に固有の課題だと思っていたことが，実は種別を超えて，ソーシャルワークの現場に共通した課題だと気づくこともあるだろう。このようにスペシフィックな体験をジェネリックな学びに変換することで，実習の学びが深まる。

　ジェネラリスト・ソーシャルワークは，ミクロからマクロまでを統合し，一体的にとらえるものである。配属実習をふりかえって，環境への働きかけなどの視点を含めて今一度ふりかえってほしい。個々のクライエントへの働きかけに終始するのではなく，クライエントを取り巻く環境をシステムとしてとらえ，対応する視点が必要である。スペシフィックな体験をジェネリックな学びへ変換し，ジェネラリスト・ソーシャルワーカーとなりゆく学びを深めていこう。

（2）ソーシャルワーカーとなりゆく私の今後の課題

　これからソーシャルワーカーになりゆくあなたには，実習での体験をもとに，今後どのような実践現場にいたとしても対応できるような，ジェネラリスト・ソーシャルワーカーとしての技術や能力が必要とされる。

　そのためにあなたは，どのような力を身につけてきただろうか。配属実習で学んだことをソーシャルワーカーとなったのちに活かすために，これから何に取り組んでいけばよいのだろうか。ソーシャルワークの基礎的な七つの力を身につけることは，その基盤となるだろう。

　実習を終えて，あなたは事後学習に取り組んできた。実習日誌や実習報告書，教員や他の実習生との実習スーパービジョンをとおしての学び，七つの力の到達度からのふりかえりなど，さまざまなツール，方法，機会を活用して，学びを深めてきた。そして，そこでの学びを説明できるよう言語化に取り組んできた。

　ソーシャルワーカーは学び続ける専門職である。そのスタート

が，今回の実習といえる。ソーシャルワーク専門職となりゆく私の今後の課題をしっかり見極め，取り組んでいこう。

　事後学習も最終段階になったあなたは，ソーシャルワークの専門職としてのふりかえる力が求められる。実習生としてのふりかえりをもとに，今後の専門職としての自分自身の姿を思い描いてみよう。ソーシャルワーカーとして学び続けるために，ソーシャルワーカーとなりゆく私の課題を見出し，実践を積み重ねていけるようにしよう。

第4章 第2節のチェックポイント

- あなたが達成できた項目にチェックを入れよう。
- 達成できた・できなかった理由を説明してみよう。
- チェックポイントの内容が理解できない場合は，該当の本文を再度読んで理解しよう。

....

【本節での到達目標】
実習をふりかえりソーシャルワーカーとしての学びを説明できる

☐1 実習計画書に対する成果を説明できた。

☐2 実習報告会を踏まえて，七つの力の達成度を説明できた。

☐3 事後学習を踏まえた実習報告書が作成できた。

☐4 講義科目・演習科目と関連づけて実習体験をジェネラリスト・ソーシャルワークとして説明できた。

☐5 ソーシャルワーク専門職になりゆく私の課題を説明できた。

第3節 利用者を支援するため実習の学びが活用できる

実習体験にみるソーシャルワーカーのキャリア

　配属実習を終えて，事前学習から事後学習までの一連の学習をどのように感じているだろう。講義科目のように，教員の話を聴き，ノートをとる学習方法との違いに戸惑いを感じた人もいるかもしれない。それは，配属実習がこれまで私たちが馴染んできた学び方と大きく異なっていたためである。

　第1章で述べたように，ソーシャルワーカーとして羽ばたいた後も学び続け，事前学習から事後学習をとおして実習中に培ったソーシャルワークの基礎的な七つの力をさらに向上させることに努めなくてはならない。長く続くソーシャルワーカーとしてのキャリアにおける学びには，実習での体験が活用できる。

　実習計画書を例に挙げて，実習体験をふりかえってみよう。実習前に何度も書き直した実習計画書は，自分の問題意識や実習の達成課題を文章にすることが求められた。テキストの言葉を書き連ねても修正を求められたことだろう。しかし思いのままに書いても，テキストをよく読むように指導を受ける。学習に基づいて自分の実習目標や達成課題を設定することを求められる。

　これらの体験はソーシャルワーカーとして成長していくためのキャリアデザインと共通している。そのためにも，七つの力を身につけることが求められている。

　ほかにも，事前学習から事後学習で体験したことは，ソーシャルワーカーとしてのキャリアで出会う事柄に類似するものがたくさんある。その一例を挙げてみる（表4-1）。

　実習教育では，養成校や実習施設が事前準備し，学習環境を整えてきた。しかし，卒業してからは，自分自身の力で学ぶための環境を整備し，モチベーションを維持しながら，キャリアを歩まなくてはならない。その際は，実習生としての経験を活かしてほしい。

ソーシャルワークの基礎的な七つの力
→序章第3節参照

キャリア
場面によってさまざまな意味に用いられる。①昇進，②特権をもったエリート，③職業経歴，④仕事に対する自己概念の四つの意味に分類することができる。この節では，③の職業経歴の意味で用いる。

キャリアデザイン
自分のキャリアを自らの意思や決断によって描くこと。

表4-1 実習と専門職のキャリアに類似する体験

実習における体験	専門職としての成長に欠かせない体験（例）
体験実習	インターンシップ，組織内社会化
実習計画書	キャリアデザイン
実習日誌	実践記録の作成・活用，実習プログラム作成
実習スーパービジョン	スーパービジョン
実習報告	事例検討会，実践報告，研究発表

2 専門職の学び方

　ソーシャルワーカーのキャリアには，実習教育と類似する体験が多くあることは理解できただろうか。あらためて実習の学び方について復習し，専門職としてのキャリアを歩みだすことに備えよう。

　ソーシャルワーカーの実践現場は，状況にあわせて最善の支援を選択するために，「つかえる」知識が必要とされる。これは，テキストや学校で学ぶ知識が無意味だという意味ではない。勘やセンスではなく，援助の根拠となる価値に基づいた知識がなくては，ソーシャルワーカーは専門職とはいえない。

　この「つかえる」知識を身につける学び方を修得することは，七つの力の一つ「自らの実践をふりかえる力」を身につけることにつながる。実習の学びは，自らの実践をふりかえることにより，事前学習で，学んだ知識を実践に「つかえる」知識に転換させていく学び方ということができる。

　実習スーパービジョンを例に挙げてみよう。利用者に不愉快な思いをさせたという実習場面から，自分で原因がわからないままで実習指導者や実習担当教員にスーパービジョンを求めた。そこではその場の対応だけではなく，なぜその対応をしたのかということをふりかえり，考察することを促された。スーパーバイザーから対処法を教わるのではなく，自分の経験を価値や態度・知識・技術と照らし合わせてふりかえった結果，次の実践にうまく活かせるよう学びを得た（図4-4）。

　このように経験をふりかえり，学んだ理論知と統合させることにより，専門職として成長する学習モデルは，経験学習モデルとよばれている。

インターンシップ
学生が在学中に自らの専攻や将来のキャリアに関連した就業体験を行うこと。

組織内社会化
組織に加わった人が，組織の価値や規範を取り入れて，職務遂行に必要な力をつけて，組織の一員として適応するためのプロセスのこと。

事例検討会
ケースカンファレンスともいわれる。実際にあった事例を用いて，支援の問題点や改善点を関係者が集まり検討する会議のこと。

理論知
学校知とも言い換えられるが，定義ができる記号や言語化された知識を習得させることを目的とした知識。

経験学習モデル
教育学者デューイ（Dewey, J.）の伝統的な学校教育に対する批判を受けて，デイビッド・コルブ（Kolb, D. A）が，具体的な経験と抽象的な概念，自分をふりかえる内省と行動を再構成した循環型の教育モデル。多くの分野で人材育成に活用されているモデル。

図4-4 経験学習モデルをもとにしたふりかえりによる学びの循環

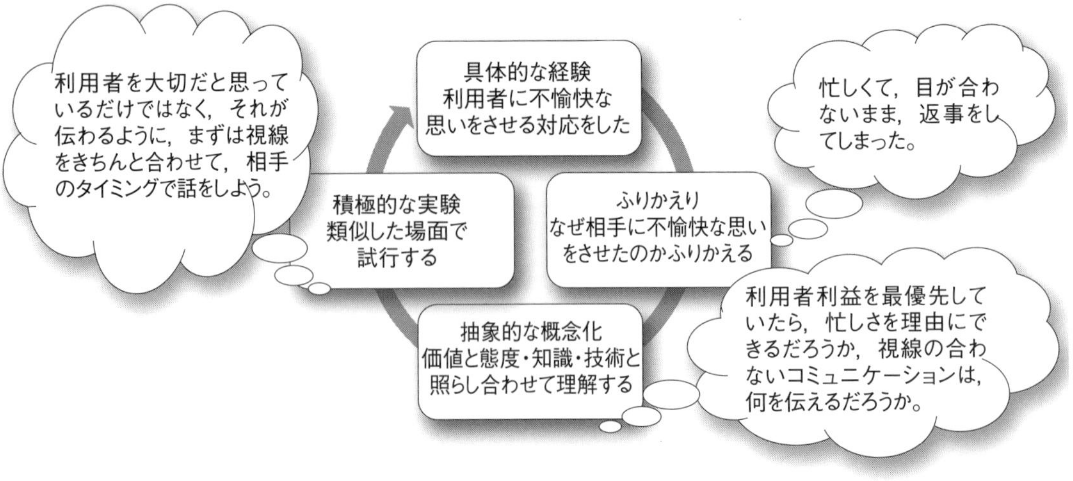

- 具体的な経験
  利用者に不愉快な思いをさせる対応をした
  - 忙しくて、目が合わないまま、返事をしてしまった。
- ふりかえり
  なぜ相手に不愉快な思いをさせたのかふりかえる
  - 利用者利益を最優先していたら、忙しさを理由にできるだろうか、視線の合わないコミュニケーションは、何を伝えるだろうか。
- 抽象的な概念化
  価値と態度・知識・技術と照らし合わせて理解する
- 積極的な実験
  類似した場面で試行する
  - 利用者を大切だと思っているだけではなく、それが伝わるように、まずは視線をきちんと合わせて、相手のタイミングで話をしよう。

「自らの実践をふりかえる力」を育てることは、残りの六つの力を身につける土台となる。七つの力を育てた配属実習の経験は、ソーシャルワーカーとしての力をさらに向上させる学びにすることができる。

経験を活用する専門職のための学び方のヒントが実習に隠されていたことには、気づかない人も多い。このテキストを携えて、実習教育を終えたあなたには「自らの実践をふりかえる力」が身についているはずである。ソーシャルワーカーとしてのキャリアを歩み、専門職として学び続けるための学びをいつも意識しよう。

3 ソーシャルワーカーへの成長

ソーシャルワーカーとして成長をしていくことを熟達という。熟達者になるためには、長年の経験が必要とされる。しかし、漫然と過ごしても熟達はしない。その間にいかに経験学習ができるかが重要である。配属実習でソーシャルワーカーのキャリアのはじめの一歩を踏み出した。ソーシャルワーカーとしての出発点における目標を表4—2に示した。職業人として、組織人として、専門職としてのそれぞれの目標がある。

これらの目標を達成した後も、まだまだ専門職としての成長は

熟達
十分な経験をして、高度な技能をもち上達すること。

表4-2　初任ソーシャルワーカーとしての出発点における目標

職業人としての目標	・職業選択の動機を充足させる。 ・自分の生活を支える経済的価値を理解する。
組織人としての目標	・基礎訓練を受け，組織になじむ。 ・組織に一人前のスタッフとして認められる。 ・所属機関内での役割・機能を理解し，発揮する。
専門職としての目標	・指導を受けながら基本的な専門職性を習得する。 ・他者の人生に介入する礼儀を身につける。 ・ソーシャルワーカーの職能領域における自信を醸成する。 ・チームの一員としてメンバーと関係形成ができる。

図4-5　経験学習モデルによるソーシャルワーカーの学びのイメージ

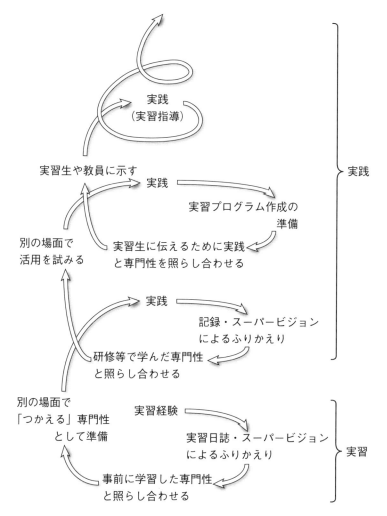

＊ここでいう「専門性」とは，ソーシャルワークの価値と態度・知識・技術をいう。

職能団体
ソーシャルワーク領域の職能団体は、日本社会福祉士会、日本精神保健福祉士協会、日本医療社会福祉協会、日本ソーシャルワーカー協会等がある。各団体が専門職の資質向上や教育・研鑽に努めている。

続く。学び続けるソーシャルワーカーを支援するために職能団体や教育機関が行う研修制度を積極的に活用しよう。知識の習得だけではなく、仲間づくりにつながる。

　また、ソーシャルワーク実践を3年重ねたら実習指導者講習会を受講し、次世代を担う人材育成のために積極的に実習指導に取り組んでほしい。実習生を「教える」体験は、必ずソーシャルワーカーとしての成長をあとおししてくれる。なぜならば、実習指導者は実習生のために実習プログラムを作成する。その際、自身の日常業務に含まれるソーシャルワークを文章にしなくてはならない。ふだんから具体的経験を、その場かぎりの対応としているか、ふりかえることで、ソーシャルワーカーとしての成長の糧として蓄積をしているかが問われることになる。

　日常的に自分の業務をふりかえり、経験を抽象的な概念とすり合わせることができていれば、実習指導者として実習プログラムを作成することは、ソーシャルワーカーとしてのキャリア形成の進捗を評価する指標にもなる。一歩一歩、日々の経験からていねいに学びを重ねていこう。

第4章　第3節のチェックポイント

- あなたが達成できた項目にチェックを入れよう。
- 達成できた・できなかった理由を説明してみよう。
- チェックポイントの内容が理解できない場合は，該当の本文を再度読んで理解しよう。

....

【本節での到達目標】
人々を支援するため実習の学びが活用できる

☐ 1　ソーシャルワーカーのキャリア形成のプロセスを説明できる。

☐ 2　ソーシャルワーカーとして学び続ける方法を説明できる。

第4節 実習教育を経た自己の成長をイメージすることができる

　本節では，実習教育を経て「ソーシャルワークの基礎的な七つの力」を高め実践するソーシャルワーカーによる立案を想定した，実習プログラムを例示する。いずれも，「相談援助実習ガイドライン」の枠組みをふまえたうえで，七つの力に着目し高めていくことをめざすものである。

　第2章第3節で学んだように，本来，実習プログラムはそれ単独で立案・活用されるものではなく，実習評価表や実習計画書とともに説明されなければならない。実習プログラムだけを例示し説明することの限界を承知しつつも，ここで実習プログラム例を示すねらいは三つある。

　一つは，「ソーシャルワークの基礎的な七つの力」を活かしたソーシャルワーク実践を想像できるようになるためである。あなたは，この実習プログラム例から七つの力を説明することができるようになっただろうか。

　二つめには，実習教育を経た自己の成長をイメージすることができるようになるためである。実習プログラム例から七つの力を説明できることにとどまらず，七つの力を高める「私自身の実践」として，イメージ化できることをめざしたい。

　三つめには，本書で学んだあなたが，将来，実習指導者として，七つの力に着目した実習プログラミングを行うための参考書とするためである。したがって，本節は，実習生として学ぶ現在はもとより，ソーシャルワーカーとしての実践を重ねた後にも読んで学ぶ節でもある。

　これらのねらいのために，次頁から三つの実習プログラム例を紹介する。各実習プログラム例に示した「実習プログラミング演習」は，実習教育を経た自己の成長を確認する段階において，また，ソーシャルワーカーとなり実習プログラミングに携わる段階において，それぞれの目的に合わせて取り組んでみよう。

実習プログラミング
→実習プログラムを作成する行為，またはその作成プロセス

1 実習プログラム例①―地域福祉型実習

施設種別：地域包括支援センター
運営法人：財団法人○○協会
担当エリア：○○市○○中学校区（○○・□□・△△小学校区）
財団法人○○協会の概況：市内を中心に特別養護老人ホーム，障害者支援施設等を運営する。しかし，担当エリア内には事業所がなく，駅前商店街（△△小学校区）の空き店舗にセンターを開所した。
○○市の概況：古くは観光・商業の町として発展し，近年は大都市近郊のベッドタウンとしての開発が進む。人口17万人の中規模都市であるが，人口は漸増しており，市全体の高齢化率は17.9％である。高齢化の進行も緩やかで，2025年度においても20.1％と見込まれている。合計特殊出生率1.78，保護率4.5‰の町である。市内23小学校区を中学校区ごとに五つの地域包括支援センターで担当している。
地域社会の特徴：
  ○○小学校区…古くからの避暑地であり，山間の別荘地として賑わった高級住宅地として知られている。富裕層が多い一方で，高齢化が進み高齢者夫婦・独居世帯が多い。地形は，最寄り駅から離れた山の中腹に位置し，坂道の傾斜が厳しい。高齢者にとっての主な移動手段はコミュニティバスとなっている。
  □□小学校区…2000年頃から開発が進むニュータウン。なだらかな丘陵地にあり，スーパーなど小売店の出店も相次いでいる。共働きの子育て世帯が多く，高齢化率は10％ほどである。宅地開発当初からコミュニティバスの運行を行ってきたが，多くの家庭の移動手段が自家用車であり，市ではバス運行の廃止を検討している。
  △△小学校区…乗降人員約5,000人／日の駅を中心に，商店街とオフィス街が拡がっている。かつては別荘地への玄関口として栄え，近年は駅の再開発をきっかけに，駅に隣接する形で市役所の出張所と保育所が設置された。しかし，近郊に大型ショッピングセンターが開店した煽りで，通勤・帰宅時間帯を除きかつての賑わいはない。

実習施設名：財団法人○○協会 A区地域包括支援センター		施設種別：地域包括支援センター
		実習指導者名：○○○○

段階	実習課題（ねらい）	実習内容
職場実習	(19)実習機関・施設のある地域の歴史や人口構造等を学ぶ (20)実習機関・施設のある地域の社会資源を学ぶ (21)地域社会における実習機関・施設の役割と働きかけの方法等を学ぶ	・講義：高齢者福祉計画・介護保険事業計画（実習指導者） ・講義：包括的支援業務と指定介護予防支援（3職種）
	(11)実習機関・施設の他職種，他職員の役割と業務及びチームアプローチのあり方を学ぶ (16)実習機関・施設の組織構造及び意思決定過程を学ぶ	・3職種　一日業務同行：施設内外業務同行
	(1)利用者，職員，グループ，地域住民等との基本的なコミュニケーションを学ぶ	・講義・在宅医療・介護連携の推進状況（主任介護支援専門員） ・認知症初期集中支援チーム会議への同席（認知症地域支援推進員）
	(1)利用者，職員，グループ，地域住民等との基本的なコミュニケーションを学ぶ (2)円滑な人間関係の形成方法を学ぶ (5)利用者，グループ，地域住民等へのアセスメントとニーズ把握の方法を学ぶ	・地域コミュニティ理解のためのフィールドワーク：○○小学校区・△△小学校区 ・実技：ヒアリング（民生委員，自治会役員　等）
	(1)利用者，職員，グループ，地域住民等との基本的なコミュニケーションを学ぶ (2)円滑な人間関係の形成方法を学ぶ (5)利用者，グループ，地域住民等へのアセスメントとニーズ把握の方法を学ぶ	・地域コミュニティ理解のためのフィールドワーク：□□小学校区 ・実技：ヒアリング（老人クラブ，まちづくり協議会　等）
	(16)実習機関・施設の組織構造及び意思決定過程を学ぶ (17)実習機関・施設の法的根拠，財政，運営方法等を学ぶ	・職場実習報告（実習指導者）
職種実習	(3)利用者理解の方法を学ぶ (4)利用者の動向や利用状況を学ぶ (11)実習機関・施設の他職種，他職員の役割と業務及びチームアプローチのあり方を学ぶ	・講義：○○市の介護予防ケアマネジメント（主任介護支援専門員） ・介護予防ケアマネジメント業務同席（主任介護支援専門員）
	(9)利用者や関係者（家族等）への権利擁護及びエンパワメント実践を学ぶ	・講義：○○市の権利擁護施策（実習指導者） ・○○市権利擁護推進委員会への同席（実習指導者）
	(3)利用者理解の方法を学ぶ (4)利用者の動向や利用状況を学ぶ (18)業務に必要な文書様式の記入内容・方法等を学ぶ	・戸別訪問同行（実習指導者） ・実技：各種記録の実技
	(10)モニタリングと評価方法を学ぶ (12)実習機関・施設の会議運営方法を学ぶ (13)関係機関・組織の業務や連携状況を学ぶ	・講義：地域ケア会議の機能と役割（実習指導者） ・地域ケア会議の開催準備補助（実習指導者）
	(10)モニタリングと評価方法を学ぶ (12)実習機関・施設の会議運営方法を学ぶ (13)関係機関・組織の業務や連携状況を学ぶ	・地域ケア会議同席（実習指導者） ・地域ケア会議及び個別ケース検討のふりかえり（実習指導者）
	(14)社会福祉士の倫理を学ぶ (15)就業規則について学ぶ	・職種実習報告（実習指導者）

段階	実習課題（ねらい）	実習内容
ソーシャルワーク実習	(9)利用者や関係者（家族等）への権利擁護及びエンパワメント実践を学ぶ (11)実習機関・施設の他職種，他職員の役割と業務及びチームアプローチのあり方を学ぶ (18)業務に必要な文書様式の記入内容・方法等を学ぶ	・戸別訪問（実習指導者） ・3職種ケースカンファレンスのための書類作成補助（実習指導者）
	(9)利用者や関係者（家族等）への権利擁護及びエンパワメント実践を学ぶ (11)実習機関・施設の他職種，他職員の役割と業務及びチームアプローチのあり方を学ぶ (18)業務に必要な文書様式の記入内容・方法等を学ぶ	・3職種ケースカンファレンス同席（3職種） ・3職種ケースカンファレンス報告（実習指導者）
	(3)利用者理解の方法を学ぶ (4)利用者の動向や利用状況を学ぶ	・総合相談業務同行（実習指導者） ・総合相談業務報告（実習指導者）
	(9)利用者や関係者（家族等）への権利擁護及びエンパワメント実践を学ぶ (11)実習機関・施設の他職種，他職員の役割と業務及びチームアプローチのあり方を学ぶ	・包括的・継続的ケアマネジメント業務　同行（実習指導者） ・包括的・継続的ケアマネジメント業務　報告（実習指導者）
	(7)利用者との援助関係の形成の意味と方法を学ぶ (8)利用者と家族の関係を学ぶ	・実技：戸別訪問時の面接（実習指導者） ・実習生ケース検討（実習指導者）
	(13)関係機関・組織の業務や連携状況を学ぶ (21)地域社会における実習機関・施設の役割と働きかけの方法等を学ぶ	・民生委員定例会への同席（実習指導者） ・民生委員会例会報告（実習指導者）
	(6)個別支援計画等，様々な計画の策定方法を学ぶ（プランニングまでを主として）	・ソーシャルワーク実習中間報告（3職種） ・計画立案テーマ指定（高齢者による就学前児童保育サービスの組織化と運営）
	(6)個別支援計画等，様々な計画の策定方法を学ぶ（プランニングまでを主として）	・実技：計画立案のためのアセスメント　対象・方法の検討と実践（実習指導者）
	(6)個別支援計画等，様々な計画の策定方法を学ぶ（プランニングまでを主として）	・実技：計画立案のためのゴール設定　ゴールの妥当性の検証（実習指導者）
	(6)個別支援計画等，様々な計画の策定方法を学ぶ（プランニングまでを主として）	・実技：計画立案　組織化・運営方法の妥当性の検証と課題の抽出（実習指導者）
	(6)個別支援計画等，様々な計画の策定方法を学ぶ（プランニングまでを主として）	・実技：計画報告（実習指導者及び関係者）
	(14)社会福祉士の倫理を学ぶ	・3段階実習の成果報告（3職種） ・実習評価表の評価項目に沿ったスーパービジョン（実習指導者）

※「実習課題（ねらい）」の（　）内の数字は日本社会福祉士養成校協会「相談援助実習ガイドライン」「中項目」に対応

（1）実習プログラム例の特徴とプログラミングの着目点

❶ 職場実習

職場実習での特徴の一つは，職場内で協働する「保健師」や「主任介護支援専門員」の役割と，それぞれの専門的視点からみた地域コミュニティの姿を理解すること，にある。他職種の役割を知るだけにとどまらず，地域コミュニティを共通言語として取り組む，「社会福祉士」を中心とした3職種のソーシャルワーク実践の理解につなげるものである。

また，民生委員や自治会，老人クラブなど，人々を支える社会資源の理解についても同様に，彼らが地域コミュニティの姿をどのようにとらえているのか，までの理解を求めている。この実習プロセスは，ソーシャルワーク実習における支援計画策定へと結びつくだろう。

地域コミュニティ
→科目「地域福祉の理論と方法」の学習内容

❷ 職種実習

職種実習では，介護予防支援及び包括的支援業務の四つの事業（①相談支援業務，②権利擁護業務，③介護予防ケアマネジメント業務，④包括的・継続的ケアマネジメント支援業務）における「社会福祉士」の業務を中心とした，網羅的な理解を促していく。そのプロセスを通して，地域包括支援センターに3職種が配置された背景にも課題意識をもてることを意図する。その理解をより深められるよう，各種業務への同行・同席と講義を交互に配置する構成である。

介護予防支援・包括的支援業務
→科目「高齢者に対する支援と介護保険制度」の学習内容

❸ ソーシャルワーク実習

地域包括支援センターには，地域の実情に応じた多職種協働による地域包括支援ネットワークの構築が求められる。そこでのソーシャルワーク実習では，介護予防支援や包括的支援業務への同行・同席等を通して，フィールド・ソーシャルワークの実践を学ぶことになるため，地域コミュニティの理解が欠かせない。

実習施設は三つの小学校区からなる中学校区を担当しており，それぞれ地域コミュニティに特徴があることがわかるだろう。当然に，そこに住む人々が抱える生活課題は異なってくる。つまり，地域ケア会議の目的にもあるように，個別ケースの課題分析等を

通じて地域課題の把握へとつなげる視点が欠かせない。ソーシャルワーク実習の前半では，これらの地域レベルでの福祉問題をアセスメントし，ニーズを把握する視点と方法の習得を求めている。

そのうえで，ソーシャルワーク実習の後半においては，個別支援計画に代替するものとして，□□小学校における学校行事（授業参観等）の際に児童の弟妹を対象とした，高齢者による就学前児童保育サービスの組織化と運営の計画立案を想定した。その策定過程を通して，地域包括支援センターの「社会福祉士」が取り組む「個を地域で支える援助」と「個を支える地域をつくる援助」の理解を促し，それらを言語化して説明できることを到達目標としている。

(2) 実習プログラミング演習

① 実習プログラム例から，各段階（職場実習・職種実習・ソーシャルワーク実習）において特にポイントとなる七つの力を説明してみよう。
② スーパーバイジーの視点から，実習プログラム例をもとに「私の達成課題」を考えよう。
③ スーパーバイザーの視点から，②で挙げた達成課題の達成を支えるための，実習スーパービジョンのポイントを説明しよう。

2 実習プログラム例②―高齢者ケアの複合施設

施設種別：特別養護老人ホーム
運営法人：社会福祉法人○○会
運営法人・実習施設の概況：近接する医療法人○○会診療所が中心となり，実習施設の運営法人として1990（平成2）年に設立。実習施設の入所定員は159人（1人部屋13室，2人部屋25室，4人部屋24室）。併設事業として，短期入所生活介護，居宅介護支援事業所，通所介護，訪問介護がある。近隣に小規模多機能型居宅介護の事業所設置を構想中。運営方針は，①地域のなかの「生活の場」作り，②自立・自律した生活の実現，③地域の福祉力向上への貢献。

医療法人○○会の概況：1976（昭和51）年に19床の診療所設立。開院当初から認知症への対応と高齢期のリハビリに力を入れる。在宅医療推進のため，1995（平成7）年に入院病床を廃止し無床診療所となる。2006（平成18）年に在宅療養支援診療所の指定を受けた。

○○市の概況：かつては城下町として栄え，人口25万人で県内の政治・経済・文化の中心都市であるが，特例市の指定はない。人口の少子高齢化は顕著で，高齢化率は27.3％，世帯総数に占める高齢者がいる世帯は37.1％である。近年の傾向として，後期高齢者とひとり暮らし高齢者の増加が目立ち，30年前と比べ，後期高齢者数は約3倍，ひとり暮らし高齢者は約4倍となっている。

○○市高齢者福祉計画及び介護保険事業計画の概要：○○市の要介護認定率は24.3％と高く，第1号被保険者100人当たりに占める軽度者の割合は全国水準の2倍近い。入所系サービスの需要・供給バランスは良好とされるものの，全国平均より高い介護給付費を将来にわたって抑制するためには，継続的・効果的な介護予防サービスを拡充し，重度化の防止を課題とする。そこで，「ぬくもりのあるコミュニティ」の実現を基本目標とし，四つの基本施策を掲げている（①在宅生活を支える介護サービスの向上と量的拡大，②健康維持のための予防対策，③地域生活を支える保健医療福祉の協働体制，④シルバーエイジの社会参加促進）。

実習施設名：社会福祉法人○○会　○○荘	施設種別：特別養護老人ホーム
	実習指導者名：○○○○

段階	実習課題（ねらい）	実習内容
職場実習	(1)利用者，職員，グループ，地域住民等との基本的なコミュニケーションを学ぶ (15)就業規則について学ぶ (16)実習機関・施設の組織構造及び意思決定過程を学ぶ (17)実習機関・施設の法的根拠，財政，運営方法等を学ぶ	・講義：地域の保健医療福祉発展過程と施設運営管理（施設長） ・見学実習：施設内および併設施設・事業，関連法人施設（実習指導者）
	(2)円滑な人間関係の形成方法を学ぶ (19)実習機関・施設のある地域の歴史や人口構造等を学ぶ (20)実習機関・施設のある地域の社会資源を学ぶ	・講義：老人福祉計画および介護保険事業計画（実習指導者） ・かかわり体験実習：入居者の余暇時間に合わせ居室等への訪問
	(11)実習機関・施設の他機種，他職員の役割と業務及びチームアプローチのあり方を学ぶ	・ケアワーカーミーティングへの同席（介護主任） ・介護体験実習（介護福祉士） ・介護体験報告（実習指導者）
	(12)実習機関・施設の会議運営方法を学ぶ (17)実習機関・施設の法的根拠，財政，運営方法等を学ぶ (21)地域社会における実習機関・施設の役割と働きかけの方法等を学ぶ	・「介護職員初任者研修」運営委員会への同席（実習指導者） ・「リハビリ教室」運営委員会への同席（機能訓練指導員）
	(12)実習機関・施設の会議運営方法を学ぶ (17)実習機関・施設の法的根拠，財政，運営方法等を学ぶ (21)地域社会における実習機関・施設の役割と働きかけの方法等を学ぶ	・「介護職員初任者研修」運営補助および同席（介護主任） ・「介護職員初任者研修」報告（実習指導者）
	(12)実習機関・施設の会議運営方法を学ぶ (17)実習機関・施設の法的根拠，財政，運営方法等を学ぶ (21)地域社会における実習機関・施設の役割と働きかけの方法等を学ぶ	・「リハビリ教室」運営補助および同席（機能訓練指導員） ・「リハビリ教室」報告（実習指導者）
職種実習	(3)利用者理解の方法を学ぶ (4)利用者の動向や利用状況を学ぶ (13)関係機関・組織の業務や連携状況を学ぶ	・居宅介護支援事業所実習：介護支援専門員に一日同行
	(3)利用者理解の方法を学ぶ (4)利用者の動向や利用状況を学ぶ (13)関係機関・組織の業務や連携状況を学ぶ	・通所介護実習：相談員に一日同行
	(5)利用者，グループ，地域住民等へのアセスメントとニーズ把握の方法を学ぶ (14)社会福祉士の倫理を学ぶ	・生活相談員　一日業務同行 ・職種実習報告：高齢者福祉施設におけるソーシャルワーカーの役割（実習指導者）
	(7)利用者との援助関係の形成の意味と方法を学ぶ (8)利用者と家族の関係を学ぶ	・かかわり体験実習：入居者の生活時間に合わせ居室等への訪問 ・かかわり体験報告：クライエント理解の視点（実習指導者）
	(12)実習機関・施設の会議運営方法を学ぶ (16)実習機関・施設の組織構造及び意思決定過程を学ぶ	・「小規模多機能型居宅介護事業所」開設準備委員会の準備補助 ・同委員会生活相談員報告資料の作成補助
	(12)実習機関・施設の会議運営方法を学ぶ (14)社会福祉士の倫理を学ぶ (16)実習機関・施設の組織構造及び意思決定過程を学ぶ	・「小規模多機能型居宅介護事業所」開設準備委員会への同席 ・同委員会報告（実習指導者）

段階	実習課題（ねらい）	実習内容
ソーシャルワーク実習	(6)個別支援計画等，様々な計画の策定方法を学ぶ（プランニングまでを主として） (18)業務に必要な文書様式の記入内容・方法等を学ぶ	・講義：個別支援計画立案のポイント（実習指導者） ・実技：個別支援計画立案のためのインテーク・アセスメント（方法の検討）
	(6)個別支援計画等，様々な計画の策定方法を学ぶ（プランニングまでを主として） (18)業務に必要な文書様式の記入内容・方法等を学ぶ	・実技：個別支援計画立案のためのアセスメント（アセスメントツール「MDS-PC」を用いたクライエントとの面接等）
	(6)個別支援計画等，様々な計画の策定方法を学ぶ（プランニングまでを主として）	・実技：個別支援計画立案のためのアセスメント（他職種からの聞き取り及び既存資料等）
	(6)個別支援計画等，様々な計画の策定方法を学ぶ（プランニングまでを主として） (9)利用者や関係者（家族等）への権利擁護及びエンパワメント実践を学ぶ	・実技：個別支援計画のための予後予測・ゴール設定（主に長期ゴール） ・実技：クライエントとの長期ゴール共有（面接等）
	(6)個別支援計画等，様々な計画の策定方法を学ぶ（プランニングまでを主として） (9)利用者や関係者（家族等）への権利擁護及びエンパワメント実践を学ぶ	・実技：個別支援計画のためのゴール設定（主に中・短期ゴール） ・実技：クライエントとの中・短期ゴール共有（面接等）
	(14)社会福祉士の倫理を学ぶ	・「個別支援計画」発表（関係職員） ・「個別支援計画」ふりかえり報告（実習指導者）
	(12)実習機関・施設の会議運営方法を学ぶ (21)地域社会における実習機関・施設の役割と働きかけの方法等を学ぶ	・「実践報告会」運営委員会の開催準備（実習指導者） ・「実践報告会」発表テーマ指定（「ぬくもりのあるコミュニティ」実現のための生活相談員の役割）
	(9)利用者や関係者（家族等）への権利擁護及びエンパワメント実践を学ぶ (17)実習機関・施設の法的根拠，財政，運営方法等を学ぶ	・講義：レジデンシャル・ソーシャルワーク（実習指導者） ・「実践報告会」発表に向けたオリエンテーション（実習指導者）
	(9)利用者や関係者（家族等）への権利擁護及びエンパワメント実践を学ぶ (10)モニタリングと評価方法を学ぶ	・かかわり体験実習：入居者の生活時間に合わせ居室等への訪問 ・かかわり体験報告：レジデンシャル・ソーシャルワーク（実習指導者）
	(13)関係機関・組織の業務や連携状況を学ぶ (21)地域社会における実習機関・施設の役割と働きかけの方法等を学ぶ	・地域ケア会議への同席（実習指導者） ・地域ケア会議報告（施設長・実習指導者）
	(20)実習機関・施設のある地域の社会資源を学ぶ (21)地域社会における実習機関・施設の役割と働きかけの方法等を学ぶ	・「実践報告会」での発表：プレゼンテーションソフトを用いた発表と質疑応答（関係職員） ・「実践報告会」発表報告（実習指導者）
	(14)社会福祉士の倫理を学ぶ	・実習評価（自己評価）と実習評価（実習指導者）を用いたふりかえり ・実習成果レポート作成

※「実習課題（ねらい）」の（　）内の数字は日本社会福祉士養成校協会「相談援助実習ガイドライン」「中項目」に対応

（1）実習プログラム例の特徴とプログラミングの着目点

❶ 職場実習

　職場実習では，職場のミッションや援助方針の実践的理解のために，地域の保健医療福祉の歴史と実習施設の沿革に関する講義と，「老人福祉計画」等を用いた講義を実習序盤に配置している。これは，レジデンシャル・ソーシャルワーク実習では，実習生の関心が個別ケアのみに向かいがちであることから，後の個別支援計画作成の取り組みにおいてより広い視野をもてるための仕掛けでもある。

　また，運営方針を特徴づける取り組みとして，介護職員や機能訓練指導員を講師に，近隣住民のなかから受講生を募った「介護職員初任者研修」「リハビリ教室」への同席を組んだ。他職種の役割や多職種協働の理解に加え，これらの取り組みから運営方針の読み解きを志向する。

❷ 職種実習

　ここでのポイントは2点ある。まず，介護支援専門員や関連施設の福祉職との比較から，特別養護老人ホームの生活相談員という職種を学ぶ点である。業務内容の違いだけの理解にとどまらないよう，制度・実践・理論から学ぶ実習内容を組んでいる。次に，運営法人が構想する「小規模多機能型居宅介護事業所」開設に向けた準備委員会への同席である。法人の一職員としての立場からだけではなく，○○市の高齢者福祉問題を知るソーシャルワーカーとして，あるいは，特別養護老人ホーム固有の利点と課題を説明できる生活相談員の立場としての取り組みから，職種実習を深めていくこととなる。

❸ ソーシャルワーク実習

　日々の援助においては，生活の延長線上にある看取りを意識することとなる。クライエント（利用者）や家族が最期のときをどう過ごすのか，残された時間の長さに違いはあれ，毎日が終末期ケアの実践にほかならない。個別支援計画の立案に当たっては，長期ゴール（看取り）の設定から，チームアプローチを意識していくことをねらいとする。クライエント（利用者）の生活につい

老人福祉計画
→科目「福祉行財政と福祉計画」の学習内容

て，本人と家族の願い・望みの把握をし，その実現のために，医療保障ケアの確保も含む目標志向型の計画立案をめざしていく。

また，ソーシャルワーク実習の後半では，地域コミュニティレベルで果たすレジデンシャル・ソーシャルワーカーとしての役割を考える取り組みを加えた。

地域に目を向ければ，介護予防サービスを拡充する必要性が指摘されており，「ぬくもりのあるコミュニティ」の実現をめざしている。一方で，実習施設は「地域の福祉力向上への貢献」など三つの運営方針をもつ。そこで，「ぬくもりのあるコミュニティ」の実現のために，レジデンシャル・ソーシャルワーカーが果たす役割について考察し，法人内のOJT（On-the-Job Training）活動として開催されている「実践報告会」での発表をプログラミングした。これらの取り組みは，「ソーシャルワークを伝達する力」を意識したものでもある。

OJT
→科目「福祉サービスの組織と経営」の学習内容

(2) 実習プログラミング演習

① 実習プログラム例から，各段階（職場実習・職種実習・ソーシャルワーク実習）において特にポイントとなる七つの力を説明してみよう。

② スーパーバイジーの視点から，実習プログラム例をもとに「私の達成課題」を考えよう。

③ スーパーバイザーの視点から，②で挙げた達成課題の達成を支えるための，実習スーパービジョンのポイントを説明しよう。

実習プログラム例③—多機能型就労支援施設

施設種別：就労移行支援

運営法人：特定非営利活動法人○○会

特定非営利活動法人○○会の概況：知的障害の子どもをもつ家族が集まり、居場所づくりと生活の自立をめざし設立した作業所が起源。しかし、役員の高齢化が進み、経営悪化による閉鎖の危機を迎えたことで、障害者自立支援法（当時）への移行をきっかけに組織改革を断行。家族会は解散し、新たに後援会として再出発することとなった。併設事業として、就労継続支援A型、B型等がある。

○○市の概況：古くから半農半漁の町であったが、近年は港湾の整備により、荷揚げにかかる産業が発展。しかし、人口は漸減しており（約3万6000人）、高齢化率は28.9％と高水準にある。かつて障害者福祉の法定内施設が少なかった一方で、家族会を母体に設立された小規模な作業所が点在していた。障害者自立支援法の施行とともに、法人化や法定内施設への移行が進んだが、規模は小さい。

○○市障害福祉計画の概要：「自己選択・自己決定の尊重」と「地域生活への移行の促進・支援」を基本理念に掲げ、本人や家族等の関係者への就業支援や関係機関の連携強化によって、雇用・就業の促進を図ることとする。就労支援にかかる障害福祉サービスの見込み量、および、一般就労移行の数値目標は表の通り。

サービスの見込量	15年度	16年度	17年度
就労移行支援	11（251）	11（260）	11（268）
就労継続支援（A型）	14（278）	14（286）	14（295）
就労継続支援（B型）	119（1,995）	122（2,053）	126（2,116）

＊数値は1か月あたりの利用者数見込（延べ利用日数）

基準とする一般就労移行者数	0人	14年度実績
目標値：一般就労移行者	3人	17年度
目標値：就労移行支援事業利用者数	11人	17年度末
目標値：上記のうちA型利用者割合	10％（14人）	17年度末

実習施設名：特定非営利活動法人○○ ジョブセンター○○		施設種別：就労移行支援
^^		実習指導者名：○○○○

段階	実習課題（ねらい）	実習内容
職場実習	(1)利用者，職員，グループ，地域住民等との基本的なコミュニケーションを学ぶ (19)実習機関・施設のある地域の歴史や人口構造等を学ぶ (20)実習機関・施設のある地域の社会資源を学ぶ	・講義：地域の障害者福祉の歴史と社会資源（サービス管理責任者） ・かかわり体験実習：就労移行支援の作業補助（実習指導者）
^^	(2)円滑な人間関係の形成方法を学ぶ (15)就業規則について学ぶ (17)実習機関・施設の法的根拠，財政，運営方法等を学ぶ	・講義：地域の障害者福祉の歴史と施設の沿革（後援会） ・かかわり体験実習：就労継続支援の作業補助（実習指導者）
^^	(3)利用者理解の方法を学ぶ (4)利用者の動向や利用状況を学ぶ (5)利用者，グループ，地域住民等へのアセスメントとニーズ把握の方法を学ぶ	・かかわり体験実習：利用者の余暇時間中心（実習指導者） ・かかわり体験実習報告（実習指導者）
^^	(17)実習機関・施設の法的根拠，財政，運営方法等を学ぶ (21)地域社会における実習機関・施設の役割と働きかけの方法等を学ぶ	・講義：法人の運営と経営（サービス管理責任者） ・講義：工賃の仕組み（職業指導員） ・演習：「工賃向上計画」の策定（実習指導者）
^^	(11)実習機関・施設の他職種，他職員の役割と業務及びチームアプローチのあり方を学ぶ (12)実習機関・施設の会議運営方法を学ぶ (16)実習機関・施設の組織構造及び意思決定過程を学ぶ	・施設内ケースカンファレンス同席（実習指導者） ・ケースカンファレンス報告（実習指導者）
^^	(15)就業規則について学ぶ (17)実習機関・施設の法的根拠，財政，運営方法等を学ぶ (21)地域社会における実習機関・施設の役割と働きかけの方法等を学ぶ	・職場実習報告（実習指導者）
職種実習	(11)実習機関・施設の他職種，他職員の役割と業務及びチームアプローチのあり方を学ぶ	・就労支援員　一日業務同行
^^	(11)実習機関・施設の他職種，他職員の役割と業務及びチームアプローチのあり方を学ぶ	・職業支援員　一日業務同行
^^	(11)実習機関・施設の他職種，他職員の役割と業務及びチームアプローチのあり方を学ぶ	・サービス管理責任者　一日業務同行
^^	(13)関係機関・組織の業務や連携状況を学ぶ (18)業務に必要な文書様式の記入内容・方法等を学ぶ	・地域障害者職業センター主催「職業評価（アセスメント）講座」出席同席（実習指導者） ・実技：ヒアリング（職場適応援助者，職親等）
^^	(20)実習機関・施設のある地域の社会資源を学ぶ (21)地域社会における実習機関・施設の役割と働きかけの方法等を学ぶ	・講義：障害福祉計画と地域における就労支援の課題（実習指導者）
^^	(13)関係機関・組織の業務や連携状況を学ぶ	・障害者自立支援協議会就労支援部会傍聴（実習指導者） ・同傍聴報告（サービス管理責任者）

段階	実習課題（ねらい）	実習内容
ソーシャルワーク実習	(13)関係機関・組織の業務や連携状況を学ぶ	・特例子会社訪問（実習指導者）
	(21)地域社会における実習機関・施設の役割と働きかけの方法等を学ぶ	・講義：「古里の海を取り戻すプロジェクト」と参加のねらい（サービス管理責任者） ・「古里の海を取り戻すプロジェクト」連絡会への同席（実習指導者）
	(10)モニタリングと評価方法を学ぶ	・「古里の海を取り戻すプロジェクト」参加のクライエントに同行・作業補助（実習指導者）
	(6)個別支援計画等，様々な計画の策定方法を学ぶ（プランニングまでを主として） (7)利用者との援助関係の形成の意味と方法を学ぶ	・一般就労希望者との面接同席（実習指導者）
	(6)個別支援計画等，様々な計画の策定方法を学ぶ（プランニングまでを主として） (7)利用者との援助関係の形成の意味と方法を学ぶ (8)利用者と家族の関係を学ぶ	・実技：個別支援計画立案のためのアセスメント面接（クライエントのセルフアセスメントを用いた面接）と評価の共有
	(6)個別支援計画等，様々な計画の策定方法を学ぶ（プランニングまでを主として） (7)利用者との援助関係の形成の意味と方法を学ぶ (8)利用者と家族の関係を学ぶ	・実技：個別支援計画立案のための予後予測（クライエントとの協働）
	(6)個別支援計画等，様々な計画の策定方法を学ぶ（プランニングまでを主として） (7)利用者との援助関係の形成の意味と方法を学ぶ (9)利用者や関係者（家族等）への権利擁護及びエンパワメント実践を学ぶ	・実技：個別支援計画作成のためのゴール設定（クライエントとの協働）
	(6)個別支援計画等，様々な計画の策定方法を学ぶ（プランニングまでを主として） (9)利用者や関係者（家族等）への権利擁護及びエンパワメント実践を学ぶ	・個別支援計画報告会の開催準備補助（実習指導者）
	(6)個別支援計画等，様々な計画の策定方法を学ぶ（プランニングまでを主として） (9)利用者や関係者（家族等）への権利擁護及びエンパワメント実践を学ぶ	・個別支援計画報告会の報告準備（クライエントとの協働）
	(9)利用者や関係者（家族等）への権利擁護及びエンパワメント実践を学ぶ (18)業務に必要な文書様式の記入内容・方法等を学ぶ	・個別支援計画報告会（施設職員，施設利用者） ・実技：個別支援計画書作成過程のふりかえり（クライエント・実習指導者との3者）
	(10)モニタリングと評価方法を学ぶ	・一般就労移行者及び再チャレンジ希望者との面接同席（実習指導者）
	(14)社会福祉士の倫理を学ぶ	・ソーシャルワークの支援モデル・アプローチの理論に基づく実習成果報告（施設職員）

※「実習課題（ねらい）」の（　）内の数字は日本社会福祉士養成校協会「相談援助実習ガイドライン」「中項目」に対応

（1）実習プログラム例の特徴とプログラミングの着目点

❶ 職場実習

　まず，実習施設の沿革をふまえた運営方針について，障害福祉施策の動向と合わせ理解を深めること，をプログラミングのポイントとした。前身の共同作業所は，まだまだ社会資源が少なかった当時，家族会の設立から奔走した人々の取り組みがあって実現したものである。現在の後援会活動はもとより，就労支援にもその当時の思いが引き継がれている。

　ポイントの二つ目は，一人ひとりの職員が法人の財務状況についても理解し，運営されている点を学ぶ機会をもつことである。ソーシャルワーカーとして運営組織の経営について学ぶことはもちろん，実習施設の沿革を歴史的な視点で俯瞰するねらいも込めた。

❷ 職種実習

　職種実習では，まず，サービス管理責任者，生活支援員，就労支援員，職場適応援助者（ジョブコーチ），職親等，施設内外の職種とその役割を知ることで，就労支援におけるソーシャルワーカーという職種の理解を促す。

　さらには，「障害福祉計画」の読み解きかたを知ることで，当地の就労支援上の課題から，就労支援におけるソーシャルワークに求められる役割を学ぶこととした。

❸ ソーシャルワーク実習

　ソーシャルワーク実習では，クライエント（利用者）とともに個別支援計画づくりに取り組むことを主なテーマとした。ただ，就労経験のない実習生であれば，就労することの意味や，働くことをとおして生活を成り立たせることの喜びや困難さを想像することは容易ではない。そこで，個別支援計画書を作成する前に，実習施設が一員として参画する，地域の「古里の海を取り戻すプロジェクト」にクライエント（利用者）とともに参加することとした。

　具体的には，湾内に茂り水質悪化や不漁の原因とされる海藻からの堆肥作りである。環境問題と産業活性化を結びつけた，漁師

就労支援
→科目「就労支援サービス」の学習内容

障害福祉計画
→科目「福祉行財政と福祉計画」の学習内容

（刈取り）・実習施設（堆肥作り）・農家（有機農業）の三者による取り組みは，クライエント（利用者）の就労支援であると同時に，地域コミュティの一員としての自覚と誇りを生んでいる。

　個別支援計画の作成は，一貫してクライエント（利用者）とともに取り組むことに特徴がある。ケアマネジメント・サイクルに沿って，アセスメント面接とアセスメントによる評価，予後予測，ゴール設定，プランニングの全過程を協働する。さらには，実習施設の職員や利用者を含む関係者に対する，個別支援計画の報告会も協働することとした。同時に実習生に対しては，取り組み過程を整理する実習日誌の記述において，ソーシャルワークの理論に沿った説明を求めることで，実践と理論との結びつきを考える機会としている。

（2）実習プログラミング演習

① 実習プログラム例から，各段階（職場実習・職種実習・ソーシャルワーク実習）において特にポイントとなる七つの力を説明してみよう。
② スーパーバイジーの視点から，実習プログラム例をもとに「私の達成課題」を考えよう。
③ スーパーバイザーの視点から，②で挙げた達成課題の達成を支えるための，実習スーパービジョンのポイントを説明しよう。

資　料

1　相談援助実習ガイドライン

2　相談援助実習指導ガイドライン

3　ソーシャルワーカーの倫理綱領

1 相談援助実習ガイドライン

一般社団法人日本社会福祉士養成校協会　2013年11月20日（理事会承認）

厚労省「相談援助実習の目標と内容」				社協ガイドライン	
ねらい	内容	中項目	小項目	想定される実習内容	
①相談援助実習を通して、相談援助に係る知識と技術について具体的かつ実際的に理解し実践的な技術等を体得する。②社会福祉士として求められる資質、技能、倫理、自己に求められる課題把握等、総合的に対応できる能力を習得する。③関連分野の専門職との連携のあり方及びその具体的内容を実践的に理解する。	ア　利用者やその関係者、施設・事業者・機関・団体等の職員、地域住民やボランティア等との基本的なコミュニケーションや円滑な人間関係の形成	(1)利用者、職員、グループ、地域住民等とのコミュニケーションを学ぶ	①出会いの場面において関係形成のための適切な対応ができる　②相手の状況に合わせて会話を継続できる　③相手に合わせて言語コミュニケーションの技術を理解し、活用することができる　④相手に合わせて非言語コミュニケーションの技術を理解し、活用することができる	①職員、利用者、地域住民様々な人たちと、あらゆる出会いの場面において挨拶、自己紹介など適切な対応をする　②利用者とのかかわりを通して、一人ひとりに求められる言語コミュニケーション、非言語コミュニケーションの種類や内容を整理し、職員に説明する	
		(2)円滑な人間関係の形成方法を学ぶ	①自分が関わりやすい人だけではなく、不特定の人に関わることができる	①対応が困難な利用者への関わり方について実習指導者や職員にスーパービジョンを求める　②不特定の利用者と会話をしたりするなど、その人に合った関係形成の方法を学ぶ	
	イ　利用者理解とその需要の把握及び支援計画の作成	(3)利用者理解の方法を学ぶ	①面接や日常生活の観察を通して利用者を理解できる　②利用者理解の方法や記録の対応を職員から学び、特徴を説明することができる	①利用者理解の方法についてスーパービジョンを受ける　②面接指導や日常の実践を通して、実習指導者が決める　③実習指導者は利用者理解の要点や配慮すべき点等を説明する	
		(4)利用者の動向や利用状況を学ぶ	①実習機関・施設の数年分の入退所の動向について考察できる　②①を踏まえて考察したことを分析したことを説明できる	①事業報告書、月次報告書、実績報告、調査報告書等を閲覧、確認する　②学習した内容について整理し、実習指導者に説明を受ける	
		(5)利用者（特定ケース）のニーズ把握の方法を学ぶ	①実習機関・施設、グループ、地域住民等へのアセスメントとニーズ把握の方法の全体像を説明できる　②担当する利用者（特定ケース）の問題と説明している　③担当する利用者（特定ケース）のニーズを確定し、根拠には理由を示して説明できる	①現在または過去の利用者のアセスメント・シートを用いて、アセスメント・シートの構造や使用方法を知る　②現在または過去の事例用記録から数例を選択し、アセスメントのポイント、プランニングの様式、アセスメント・シートを整理する　③担当するケースを決め、アセスメントを実施する　④アセスメントをするための面接機会を設ける　⑤アセスメントの結果について説明を受ける　⑥アセスメント結果から利用者ニーズ等について説明する	
		(6)個別支援計画書等、様々な計画の策定方法を学ぶ（プランニングを主として）	①プランニングの重要なポイント、手順等について説明できる　②利用者のアセスメント結果に基づいてプランニングができる　③担当する利用者（特定ケース）の支援目標を根拠を示して設定できる	①現在または過去のアセスメント・シート、手順等を整理する　②現在または過去の事例用記録をもとに、プランニング、支援計画を作成する　③支援計画について会議（カンファレンス等）を行う　④支援目標・支援計画についてスーパービジョンを受ける	
	ウ　利用者やその関係者（家族・親族・友人等）との援助関係の形成	(7)利用者への援助関係の形成方法を学ぶ	①援助関係を形成するということの意味を理解し、共感的な理解、個別性の理解、自己決定の尊重、説明と同意、人権擁護などを説明できる　②面接における多様な場面（遊び、作業、ケア、地域支援など）を活用し、援助関係の形成や関わることができる　③面接技法を活用し、面接を実施できる	①援助関係を形成する場面に同席し、利用者と同じ時間を過ごす　②利用者と直接対話をする　③面接、家庭訪問、居宅などを訪問したり、ボランティア活動（住民活動や地域行事等）を通じて援助関係形成に取り組む　④面接・計画作成、支援経過の記録、要約・解釈・明確化・促し・沈黙・繰り返し・共感等を意識した実習ノートを作成する　⑤同様の面接を実施する	
		(8)利用者と家族との関係を学ぶ	①利用者と家族の関係が抱える問題（課題）を把握し、ニーズを確定できる　②担当する利用者（特定ケース）と家族との関係性をエコマップやジェノグラムを活用し、説明できる	①利用者と家族の面会場面への同席、家族会への参加、送迎時の取り組みを観察する　②家族、親族、友人等との面接を観察する　③利用者の家族ケース記録、家族会の議事録等を閲覧する	
	エ　利用者やその関係者（家族・親族・友人等）への権利擁護及びエンパワメントを含む支援（エンパワメントを含む）とその評価	(9)利用者やその関係者（家族・親族・友人等）への権利擁護及びエンパワメント実践を学ぶ	①実習機関・施設における権利擁護の形成の取り組みを説明できる　②実習機関・施設における苦情解決の流れを説明できる　③実習機関・施設におけるエンパワメント実践を説明できる	①利用者機関・施設内で実施している権利擁護、苦情解決の取り組みを通しての権利擁護活動を理解する　②虐待防止法に基づいた具体的な取り組みの取り方を理解する　③身体拘束防止についての検討会議等に出席する　④第三者評価を通しての権利擁護の取り組みを理解する　⑤成年後見制度、未成年後見について、施設の取り組みを理解する　⑥エンパワメントの観点から支援を分析し、実習機関、実習指導者を踏まえてエンパワメントの実践を整理する　⑦利用者一人ひとりに合わせ事例を着目し、学習指導者にプレゼンテーションを行う	

206　資料

	方法を学ぶ		
		②利用者への支援やサービスの評価ができる	②利用者への支援に対するモニタリングを体験する、必要な支援についての指導を受け、実際に評価する ③支援内容や計画を評価する目的や方法に関する指導を受け、実際に評価する
オ 多職種連携をはじめとする支援におけるチームアプローチの実際	(11)実習機関・施設の他の職種、他職員、他職員、他職種及び事業者等のチームアプローチのあり方を学ぶ	①実習機関・施設内で働く他の専門職種の業務内容を理解するとともに施設におけるチームアプローチを理解する	①組織内の各部署および他職種の担当者から説明を受ける/担当者への聞き取りを行う ②組織内の各部署および他職種の業務を同行・同席・見学する ③チームで取り組む事例紹介と説明を受ける
	(12)実習機関・施設の会議の運営方法を学ぶ	①実習機関・施設で開催される会議の種類とその目的を説明できる ②会議の運営方法について説明できる	①カンファレンスや地域ケア会議等に同席し、他機関による・チームアプローチの実際を観察する ②職員会議、委員会など組織内で開催される会議に同席する ③他機関との合同会議、住民参加の会議など組織外で開催される会議に同席する ④参加・同席した会議の記録やメンバーの一覧を作成する ⑤会議における司会進行者などメンバーの動きを観察する
	(13)関連機関・施設の業務や連携状況を学ぶ	①関連する機関・施設及び専門職の役割・業務を説明できる ②ケースカンファレンスにおける各機関・施設の関連及び連携の方法を説明できる	①関連する機関・施設及び専門職の役割の説明を受ける ②事例検討会・ケースカンファレンス等に同席する
カ 社会福祉士としての職業倫理、施設・機関・団体・事業者等の就業規定の理解と組織の一員としての役割と責任への理解	(14)社会福祉士の倫理を学ぶ	①実習指導者の業務観察の中から、社会福祉士の倫理判断に基づく行為を発見・抽出し、説明できる ②ケースカンファレンス等を言語化できる ③実習中に体験した倫理的ジレンマを言語化できる ④個人情報保護、秘密保持のための取り組みについて説明できる	①実習指導者業務観察やスタディを行い、利用者との関わり場面、計画作成・支援過程、チームアプローチ場面等における倫理的判断に基づく行為を発見・抽出し、説明する ②ケースカンファレンス等において、利用者への支援内容や方向性を検討する ③個人情報保護のための取り組みについて説明を受ける
	(15)就業規則について学ぶ	①実習機関・施設の就業に関する規定等について説明できる	①実習機関・施設の就業に関する規定などについて説明を受ける
キ 施設・事業者・機関・団体等の経営やサービスの管理運営の実際	(16)実習機関・施設の組織構造及び意思決定過程を学ぶ	①実習機関・施設の意思決定過程（稟議の流れ等）について説明できる	①実習機関・施設の意思決定過程の説明を受ける ②各種委員会に同席する
	(17)実習機関・施設の法的根拠、財政、運営方法等を学ぶ	①実習機関・施設の法的根拠について説明できる ②実習機関・施設の予算・事業計画、事業・事業報告について説明できる	①実習機関・施設の法的根拠が記載されている文書の説明を受ける ②実習機関・施設の予算及び決算報告書について説明を受け、不明な点を質問する
	(18)実務に必要な文書様式の記入内容・方法等を学ぶ	①実務上必要とされる文書の種類・用途・管理方法について説明できる ②文書記録に用いられる文書の特徴や書き方を説明できる ③業務記録ノートを通じて記入し管理することができる	①事前学習で学んだ文書について説明を受ける ②文書を媒介した情報共有・連携について説明を受ける ③業務日誌・ケース記録等の書き方について説明を受ける
ク 当該実習先が地域社会の中の施設・機関・団体であることの理解と具体的な地域社会への働きかけとしてのアウトリーチ、ネットワーキング、社会資源の活用・調整・開発に関する理解	(19)実習機関・施設のある地域の歴史や人口構造等を学ぶ	①事前学習を踏まえ、実習機関・施設のある地域の人口動態、生活状況、文化・産業などを説明できる ②事前学習を踏まえ、地域と実習機関・施設の歴史的関わりについて説明できる	①事前学習で調べた地域アセスメントの内容や指導者に説明・発表する
	(20)実習機関・施設のある地域の社会資源を学ぶ	①事前学習を踏まえ、実習機関・施設、地域福祉計画・地域福祉活動計画における地域の社会資源を列挙できる ②当該地域の地域福祉計画・地域福祉活動計画を閲覧する	①事前学習で学んだ会議や行事に参加・発表する ②関係機関や住民組織が参加する会議や行事に参加する ③地域福祉計画、地域福祉活動計画を閲覧する ④分野別の計画等に参加する
	(21)地域社会への当該施設・機関の役割・施設の役割と働きかけの方法を学ぶ	①当該地域における当該施設・機関の役割を説明できる ②当該地域社会にアセスメントを行うことの必要性を説明できる ③当該地域におけるネットワーキングの実践を説明できる ④情報発信の方法と意義を説明できる ⑤実習機関・施設が行う当該地域に開かれた行事の意義を説明できる	①地域住民への働きかけの方法（地域組織化・当事者組織化・ボランティア組織化）の取り組みについて説明を受ける ②地域アセスメントの方法に関するスーパービジョンを受け実際に行う ③地域機関・関係機関で行われる会議や行事に参加する ④関係住民・住民組織の会議や行事に参加する ⑤実習機関・施設の広報委員会や行事実行委員会に参加する ⑥野別行事に当事者参加を呼びかけ、参加する ⑦実習機関・施設の行事や準備委員会に参加し、分担された役割を遂行する

2 相談援助実習指導ガイドライン

一般社団法人日本社会福祉士養成校協会 2013年11月20日(理事会承認)

ねらい	厚労省「相談援助実習指導の目標と内容」			社養協ガイドライン
	内容	中項目	小項目	想定される教育内容
①相談援助実習の意義について理解する。 ②相談援助実習に係る個別指導並びに集団指導の意義について理解し、積極的に参加することができる。 ③社会福祉士として求められる資質、技能、倫理、自己に求められる課題把握等、総合的に対応できる能力を涵養する。 ④具体的な体験や援助活動を、専門的技術として概念化し理論化し体系立てていくことができる能力を涵養する。	ア 相談援助実習と相談援助実習指導における個別指導、集団指導それぞれの具体的な学習形態や指導方法について明らかにしつつ集団指導を活用する意義について学ぶ	(1)実習と実習指導において(個別指導、集団指導)、主体的に学習方法や学習形態を理解する。実習指導の契約の形態、指導それぞれの学習形態と相互の構造を理解し、スーパービジョン等に活用することができる	①相談援助実習と相談援助実習指導における学習方法・主体的に学習指導の意義、相談援助実習の内容・方法・方針と内容について理解させる ②講義、相談援助演習を相互に補完するものであることを理解させる ③実習指導の意義・意図、実習方法の活用・方法について、評価基準・項目、評価尺度、成績評価の視点を理解させる
		(2)スーパービジョンの意義及び構造について学ぶ	①相談援助実習におけるスーパービジョンの方法と展開について理解できる ②実習スーパーバイザーとしての責任を理解し、説明できる
	イ 実習に実習を行う分野(利用者含む)及び施設・事業者・機関・団体・地域社会等に関する基本的な理解	(1)実習に実習を行う分野、実習を行う機関・利用者について学ぶ	①実習分野の利用者の特性や視点を理解できる ②実習分野に関する文献資料等を視点的に理解させる ③利用者像を文献などから理解させる
		(2)実習機関・施設、地域の支援活動、関連機関等の連携のあり方を学ぶ	①実習先の相談援助の職員構成について、提供される具体的なサービス内容・支援体制、実習先の地域等を理解できる ②実習機関・施設の職員配置と、実際の状況について説明できる ③地域特性を整理し、実習機関・施設が地域に対して担っている役割を理解させる
	ウ 実習先で行われる介護・保育等の関連業務に関する基本的な理解	(1)実習機関・施設における関連職種の配置や業務について学ぶ	①利用者の生活支援に対して、関連職種の業務内容を理解し、説明できる	①介護・保育業務を理解できる ②その他関連職種(看護・心理・調理・栄養・リハビリ等)の業務を理解させる
	エ 現場体験学習及び見学実習(実際の介護サービスの利用体験等を含む)	(1)現場体験学習及び見学実習を通じて、利用者への関わりについて体験する	①現場体験学習及び見学実習を通じて、サービス利用者の状況や機関・施設等の環境、利用者への関わりを理解できる	①引率と内容を理解させる ②現場体験学習及び見学実習の学びをレポートにまとめさせる
	オ 実習先で必要とされる相談援助に係る知識と技術の具体的かつ実際的な理解	(1)講義等で学んだ知識と技術に即して実習先における援助の実際、実践について説明できる	①講義等で学んだ知識と技術を実習機関・施設における援助の場面で活用できることを説明できる ②実習現場において用いられるツール(アセスメントシート等)を活用できる	①講義等で学んだ知識と技術が相談援助の場面で活用されていることを理解させる ②実習現場における相談援助で用いられるツール(アセスメントシート等)を活用させる
	カ 実習における個人のプライバシーの保護と守秘義務等の理解(個人情報保護法の理解を含む)	(1)実習における個人のプライバシーの保護及び守秘義務の必要性について具体的に学ぶ	①個人のプライバシー保護・守秘義務の必要性について説明できる ②実習機関・施設におけるプライバシーの取り扱いと個人情報保護法等に即して説明できる ③社会福祉士として求められる個人のプライバシー保護、守秘義務について説明できる	①プライバシー保護と守秘義務について理解させる ②個人情報保護法をはじめとする関係法規(福祉事業者個人情報保護ガイドライン・実習先のプライバシーポリシー)を理解させる ③社会福祉士としての倫理綱領、守秘義務、社会福祉士による守秘義務の事例を通して個人のプライバシー保護、秘密保持を理解させる ④①〜③を踏まえて、行為について説明できる
	キ 「実習記録ノート」への記録内容及び記録方法に関する理解	(1)「実習記録ノート」の活用の意義及び記録方法(「記録」の意味、文章のあり方、表現方法を含む)について学ぶ	①「実習記録ノート」の意義・目的を説明できる ②「実習記録ノート」の取り扱いについて説明できる ③求められる文体や様式にあわせて文章を書くことができる	①「実習記録ノート」の様式にあわせて理解させる ②記録内容と関連づけさせる ③「実習記録ノート」を記入させる
	ク 実習生、実習担当教員、実習先の実習指導者との三者協議を踏まえた実習計画	(1)相談援助実習計画の作成方法について学ぶ	①相談援助実習のねらいを踏まえた実習目標を立案できる ②学生自らの関心を明確化し、実習課題と関連づけできる ③実習計画書に沿って実習課題を明確化できる	①実習目標を具体化させる ②自らの関心を明確化し、作成させる ③実習計画を作成させる ④実習計画書を持参して事前訪問を行い、実習計画の摺り合わせを行わせる

			実習中		実習後
コ 実習記録や実習体験を踏まえた課題の整理と実習総括レポートの作成	(1)実習成果の確認及び実習総括の整理を行う	①スーパービジョンを受けながら「実習記録ノート」や評価表などを読み、実習で学習した内容を抽出できる ②実習を通しての自らの成長と今後の課題を確認できる		①個別及びグループ指導によりスーパービジョンを受けながら「実習記録ノート」から、実習で学習した内容を抽出させる ②実習を通しての自らの成長と今後の課題を確認させる	
	(2)実習総括レポートを作成する	① (1)①と②の内容を踏まえ、実習総括レポートを作成できる		①実習総括レポートの意義と作成方法を説明する ②実習総括レポートを作成させる	
サ 実習の評価全体総括	(1)実習全体を通しての学びを発表し、評価を受ける			①実習を総括する意義を理解させる ②実習全体の学習内容をまとめさせる ③実習生同士の相互評価の機会を設定する、自己評価をさせる ④総括会のフィードバックを受け、活用させる ⑤今後の学習課題や進路を考えさせることによって求められる社会福祉士像を明確化させる	

ジョンを活かす
②自己の興味・関心、長所や改善点を理解させる
③「実習記録ノート」をスーパービジョンや評価に活用させる
④実習課題の達成状況について、必要に応じて実習課題を修正させる

を受け実習に活用する
②「実習記録ノート」を活用することができる
③実習課題の達成状況について、教員とともに確認できる
④実習内容を振り返り、必要に応じて実習課題を修正できる

※実習前の教育内容は、実習中・後も適宜おこなわれること

2 相談援助実習指導ガイドライン

3 ソーシャルワーカーの倫理綱領

     2005年5月21日 特定非営利活動法人日本ソーシャルワーカー協会承認
     2005年5月28日 社団法人日本医療社会事業協会可決承認
     2005年6月3日   社団法人日本社会福祉士会採択
     2005年6月10日 社団法人日本精神保健福祉士協会承認

前 文

 われわれソーシャルワーカーは，すべての人が人間としての尊厳を有し，価値ある存在であり，平等であることを深く認識する。われわれは平和を擁護し，人権と社会正義の原理に則り，サービス利用者本位の質の高い福祉サービスの開発と提供に努めることによって，社会福祉の推進とサービス利用者の自己実現をめざす専門職であることを言明する。

 われわれは，社会の進展に伴う社会変動が，ともすれば環境破壊及び人間疎外をもたらすことに着目する時，この専門職がこれからの福祉社会にとって不可欠の制度であることを自覚するとともに，専門職ソーシャルワーカーの職責についての一般社会及び市民の理解を深め，その啓発に努める。

 われわれは，われわれの加盟する国際ソーシャルワーカー連盟が採択した，次の「ソーシャルワークの定義」(2000年7月)を，ソーシャルワーク実践に適用され得るものとして認識し，その実践の拠り所とする。

ソーシャルワークの定義

 ソーシャルワークの専門職は，人間の福利（ウェルビーイング）の増進を目指して，社会の変革を進め，人間関係における問題解決を図り，人々のエンパワーメントと解放を促していく。ソーシャルワークは，人間の行動と社会システムに関する理論を利用して，人びとがその環境と相互に影響し合う接点に介入する。人権と社会正義の原理は，ソーシャルワークの拠り所とする基盤である。

                        （IFSW；2000.7.）

 われわれは，ソーシャルワークの知識，技術の専門性と倫理性の維持，向上が専門職の職責であるだけでなく，サービス利用者は勿論，社会全体の利益に密接に関連していることを認識し，本綱領を制定してこれを遵守することを誓約する者により，専門職団体を組織する。

価値と原則

 Ⅰ （人間の尊厳）

  ソーシャルワーカーは，すべての人間を，出自，人種，性別，年齢，身体的精神的状況，宗教的文化的背景，社会的地位，経済状況等の違いにかかわらず，かけがえのない存在とし

て尊重する。

Ⅱ （社会正義）

　ソーシャルワーカーは，差別，貧困，抑圧，排除，暴力，環境破壊などの無い，自由，平等，共生に基づく社会正義の実現をめざす。

Ⅲ （貢　献）

　ソーシャルワーカーは，人間の尊厳の尊重と社会正義の実現に貢献する。

Ⅳ （誠　実）

　ソーシャルワーカーは，本倫理綱領に対して常に誠実である。

Ⅴ （専門的力量）

　ソーシャルワーカーは，専門的力量を発揮し，その専門性を高める。

倫理基準

Ⅰ　利用者に対する倫理責任

1 （利用者との関係）

　ソーシャルワーカーは，利用者との専門的援助関係を最も大切にし，それを自己の利益のために利用しない。

2 （利用者の利益の最優先）

　ソーシャルワーカーは，業務の遂行に際して，利用者の利益を最優先に考える。

3 （受　容）

　ソーシャルワーカーは，自らの先入観や偏見を排し，利用者をあるがままに受容する。

4 （説明責任）

　ソーシャルワーカーは，利用者に必要な情報を適切な方法・わかりやすい表現を用いて提供し，利用者の意思を確認する。

5 （利用者の自己決定の尊重）

　ソーシャルワーカーは，利用者の自己決定を尊重し，利用者がその権利を十分に理解し，活用していけるように援助する。

6 （利用者の意思決定能力への対応）

　ソーシャルワーカーは，意思決定能力の不十分な利用者に対して，常に最善の方法を用いて利益と権利を擁護する。

7 （プライバシーの尊重）

　ソーシャルワーカーは，利用者のプライバシーを最大限に尊重し，関係者から情報を得る場合，その利用者から同意を得る。

8 （秘密の保持）

　ソーシャルワーカーは，利用者や関係者から情報を得る場合，業務上必要な範囲にとどめ，その秘密を保持する。秘密の保持は，業務を退いた後も同様とする。

9 (記録の開示)

　　ソーシャルワーカーは，利用者から記録の開示の要求があった場合，本人に記録を開示する。

10 (情報の共有)

　　ソーシャルワーカーは，利用者の援助のために利用者に関する情報を関係機関・関係職員と共有する場合，その秘密を保持するよう最善の方策を用いる。

11 (性的差別，虐待の禁止)

　　ソーシャルワーカーは，利用者に対して，性別，性的指向等の違いから派生する差別やセクシュアル・ハラスメント，虐待をしない。

12 (権利侵害の防止)

　　ソーシャルワーカーは，利用者を擁護し，あらゆる権利侵害の発生を防止する。

II　実践現場における倫理責任

1 (最良の実践を行う責務)

　　ソーシャルワーカーは，実践現場において，最良の業務を遂行するために，自らの専門的知識・技術を惜しみなく発揮する。

2 (他の専門職等との連携・協働)

　　ソーシャルワーカーは，相互の専門性を尊重し，他の専門職等と連携・協働する。

3 (実践現場と綱領の遵守)

　　ソーシャルワーカーは，実践現場との間で倫理上のジレンマが生じるような場合，実践現場が本綱領の原則を尊重し，その基本精神を遵守するよう働きかける。

4 (業務改善の推進)

　　ソーシャルワーカーは，常に業務を点検し評価を行い，業務改善を推進する。

III　社会に対する倫理責任

1 (ソーシャル・インクルージョン)

　　ソーシャルワーカーは，人々をあらゆる差別，貧困，抑圧，排除，暴力，環境破壊などから守り，包含的な社会を目指すよう努める。

2 (社会への働きかけ)

　　ソーシャルワーカーは，社会に見られる不正義の改善と利用者の問題解決のため，利用者や他の専門職等と連帯し，効果的な方法により社会に働きかける。

3 (国際社会への働きかけ)

　　ソーシャルワーカーは，人権と社会正義に関する国際的問題を解決するため，全世界のソーシャルワーカーと連帯し，国際社会に働きかける。

IV　専門職としての倫理責任

1 (専門職の啓発)

　　ソーシャルワーカーは，利用者・他の専門職・市民に専門職としての実践を伝え社会的信

用を高める。

2　(信用失墜行為の禁止)

　ソーシャルワーカーは，その立場を利用した信用失墜行為を行わない。

3　(社会的信用の保持)

　ソーシャルワーカーは，他のソーシャルワーカーが専門職業の社会的信用を損なうような場合，本人にその事実を知らせ，必要な対応を促す。

4　(専門職の擁護)

　ソーシャルワーカーは，不当な批判を受けることがあれば，専門職として連帯し，その立場を擁護する。

5　(専門性の向上)

　ソーシャルワーカーは，最良の実践を行うために，スーパービジョン，教育・研修に参加し，援助方法の改善と専門性の向上を図る。

6　(教育・訓練・管理における責務)

　ソーシャルワーカーは教育・訓練・管理に携わる場合，相手の人権を尊重し，専門職としてのよりよい成長を促す。

7　(調査・研究)

　ソーシャルワーカーは，すべての調査・研究過程で利用者の人権を尊重し，倫理性を確保する。

参考文献

○稲沢公一・岩崎晋也『社会福祉をつかむ（改訂版）』有斐閣，2014年
○岩間伸之・原田正樹『地域福祉援助をつかむ』有斐閣，2012年
○大濱裕『参加型地域社会開発の理論と実践』ふくろう出版，2007年
○岡村重夫『社会福祉原論』全国社会福祉協議会，1983年
○奥川幸子『身体知と言語——対人援助技術を鍛える——』中央法規出版，2007年
○公益社団法人日本社会福祉士会編『社会福祉士実習指導者テキスト（第2版）』中央法規出版，2014年
○佐伯胖『「学び」の構造』東洋館出版社，1975年
○澤伊三男・川松亮・渋谷哲・山下浩紀編『ソーシャルワーク実践事例集——社会福祉士をめざす人・相談援助に携わる人のために——』明石書店，2009年
○社会福祉士養成講座編集委員会編『相談援助の基盤と専門職（第3版）』＜新・社会福祉士養成講座6＞中央法規出版，2015年
○社会福祉士養成講座編集委員会編『相談援助の理論と方法Ⅰ（第3版）』＜新・社会福祉士養成講座7＞中央法規出版，2015年
○社会福祉士養成講座編集委員会編『相談援助の理論と方法Ⅱ（第3版）』＜新・社会福祉士養成講座8＞中央法規出版，2015年
○社会福祉士養成講座編集委員会編『福祉サービスの組織と経営（第4版）』＜新・社会福祉士養成講座11＞中央法規出版，2012年
○社団法人日本社会福祉士会編『改訂 社会福祉士の倫理——倫理綱領実践ガイドブック——』中央法規出版，2009年
○P.A. ショーン，柳沢昌一・三輪健二監訳『省察的実践とは何か——プロフェッショナルの行為と思考——』鳳書房，2007年
○F.P. バイステック，尾崎新・福田俊子・原田和幸訳『ケースワークの原則——援助関係を形成する技法——（新訳改訂版）』誠信書房，2006年
○保正友子・鈴木眞理子・竹沢昌子『キャリアを紡ぐソーシャルワーカー——20代・30代の生活史と職業像——』筒井書房，2006年
○村田久行『援助者の援助——支持的スーパービジョンの理論と実際——』川島書店，2010年
○渡部律子『高齢者援助における相談面接の理論と実際（第2版）』医歯薬出版，2011年

索　引

あ
あいさつ……………………………………92
アセスメント………………………22, 122, 125
アセスメントシート………………………123
アセスメントする力………22, 91, 92, 101, 102, 104, 113, 124, 125, 154, 172
安全確保……………………………………90

い
インターンシップ…………………………183
インフォーマル・サポート………………130

う
ウェルビーイング……………………………7

え
エコマップ……………………………125, 128
援助関係を形成する力……21, 90, 102, 123, 152, 154, 171
エンパワメント……………………………13

か
介入…………………………………………152
価値……………………………………15, 114
価値・規範…………………………………15
環境……………………………………11, 127

き
技術…………………………………………18
客観的な事実………………………………172
キャリア……………………………………182
キャリアデザイン……………………182, 183
記録…………………………………………113

く
苦情対応……………………………………113
クライエント…………………………………5
グループスーパービジョン………………166
グループダイナミクス…………………149, 166

け
経験学習モデル……………………………183
契約書………………………………………42
健康管理……………………………………90
権利擁護……………………………………113

こ
合意書………………………………………43
講義・演習・実習…………………………28
広義のアセスメント………………………100
交互作用……………………………………127
考察…………………………………………88
個人情報……………………………………43
5W1H……………………………………148
個別支援計画…………………………141, 143
個別支援計画書………………………141, 143
個別スーパービジョン……………………166
コミュニケーション特性…………………101

さ
参加型地域社会開発論………………………10

し
ジェネラリスト・ソーシャルワーカー………161, 179
ジェネラリスト・ソーシャルワーク……162, 178
ジェノグラム…………………………125, 128

支援計画	40, 141	実習評価表	65
支援計画書	141	実習プログラミング	188
支援の実施と評価	152	実習プログラム	43, 64, 66, 78, 83, 98, 110, 123, 142, 163
支援方法	148	実習報告会	168
支援目標	146	実習報告書	169
事後学習	29, 160	実習目標	97, 110, 122, 141
…の学び方	161	社会関係	11
…の目標	161	社会資源	57
自己覚知	176	社会福祉関係法・制度	8
事後指導	168	社会福祉士	2, 5
自己評価	37, 167	社会福祉士及び介護福祉士法	8
事前学習	29, 52	社会福祉士実習指導者講習会	41
事前訪問	78	社会福祉法	8
事中学習	29, 83	就労移行支援	199
実習開始前	83	主観的な事実	172
実習課題（ねらい）	64	熟達	184
実習教育	29	主訴	128
…の全体像	28	守秘義務	43, 126
実習計画	78	巡回指導	106, 136, 156
実習計画書	65, 72, 78, 84, 163	情報収集	112, 123
実習契約	42	情報の匿名化	126
実習施設	58, 97	職員配置	62
…の概要	58	職種実習	44, 110, 192, 197, 202
…の職員	62	職能団体	186
…の利用者	61	職場実習	43, 97, 192, 197, 202
実習施設・機関	41	事例検討会	183
実習指導者	29, 41, 64	ジレンマ	156, 165
実習スーパービジョン	45, 78, 79, 166	真のニーズ	130
実習生	29, 65		
実習担当教員	29, 41, 65		
実習内容	100, 111, 126, 143		
実習日誌	87, 104, 117, 135, 153, 164		

す

スーパーバイザー	25
スーパーバイジー	25
スーパービジョン	25, 45, 91, 117, 136, 154
ストレングス	122, 130, 149
スピリチュアル	173
スペシフィック	162

実習の意義	73
実習の学習プロセス	52
実習の具体的達成課題	74
実習の三者関係	37, 41
実習のテーマ	76
実習の到達目標	65
実習の評価	47

せ

生活課題 ……………………… 125, 130, 145
生活の場 …………………………………… 11
生活場面面接 …………………………… 112
生活問題 …………………………………… 12
…の解決・緩和 …………………………… 8
…の背景 …………………………………… 13
誓約書 …………………………………… 43
説明する力 ……………………………… 151
セルフ・マネジメント …………………… 90

そ

相談員 …………………………………… 110
…の業務 ………………………………… 111
…の役割 ………………………………… 110
相談援助業務 ……………………………… 8
相談援助実習 ………………………… 2, 30
ソーシャルアクション ………… 125, 131
ソーシャルワーカー ………… 2, 5, 9, 179
…の志望動機書 ………………………… 32
…の倫理綱領 ………………………… 17, 43
…をめざす動機 ………………………… 33
ソーシャルワーク ……………………… 6, 14
…の基礎的な七つの力 ……… 3, 19, 46
…のグローバル定義 ……………………… 6
…の実習 …………………………………… 2
…の専門性 ……………………………… 15
…を伝達する力 ……… 24, 89, 151, 154, 174
ソーシャルワーク実習 ……… 45, 122, 141, 192, 197, 202
ソーシャルワーク実践の科学性 ……… 152
組織内社会化 …………………………… 183

た

態度 ………………………………… 17, 114
多機能型就労支援施設 ………………… 199
他己評価 ………………………………… 167
短期目標 ………………………………… 146

ち

地域コミュニティ ………………………… 10
地域社会 …………………………… 10, 54
…の概況 ………………………………… 54
…の福祉課題 …………………………… 55
…の理解 ………………………………… 54
地域社会づくり …………………………… 8
地域のニーズ …………………………… 130
地域福祉型実習 ………………………… 189
地域包括支援センター ………………… 189
チームワーク …………………………… 93
知識 ……………………………………… 17
長期目標 ………………………………… 146
直接介助 ………………………………… 113

と

特別養護老人ホーム …………………… 194

に

ニーズ …………………………… 125, 145
二重のスーパービジョン ……… 45, 105, 166

は

バイステックの7原則 ………………… 123
配属実習 ………………… 29, 40, 41, 52, 97
働きかける力 …………… 23, 123, 152, 154, 173

ひ

ピアスーパービジョン ………………… 166
PDCSAサイクル ………………… 87, 153
人の生活 ………………………………… 11
人々との関係を形成する力 ……… 21, 90, 92, 101, 104, 105, 171
人々と連携する力 …… 23, 91, 93, 102, 105, 124, 149, 154, 174
人々の暮らし …………………………… 57

ふ

フィールド・ソーシャルワーク …………… 142
フォーマル・サービス ……………………… 130
福祉計画 ……………………………… 57, 142
プランニング …………………………………… 141
プレゼンテーション ……………………………… 169
プロセスレコード ……………… 85, 101, 118, 124

ほ

本日の目標 …………………………………… 87

み

自らの実践をふりかえる力 …… 5, 25, 87, 89, 125,
　　175, 183
身だしなみ …………………………………… 92

も

モニタリング …………………………………… 152

り

リスクマネジメント …………………………… 91
利用者 ………………………………………… 5
利用者および家族等の意向 ………………… 143
利用者理解 …………………………………… 123

れ

連携協力 ……………………………………… 112
連絡・報告・相談 …………………………… 92

わ

ワークシート ………………………………… 84

◎監修
日本福祉大学社会福祉実習教育研究センター

◎編集（五十音順）
浅原千里／江原隆宜／小松尾京子／杉本浩章／高梨未紀／明星智美

◎執筆および執筆分担（執筆順）

原田正樹（はらだ・まさき）……………………………………刊行にあたって
日本福祉大学

江原隆宜（えはら・たかのり）……………………………………序章第1・2節
日本福祉大学

末永和也（すえなが・かずや）……………………………………序章第3節
日本福祉大学

小松尾京子（こまつお・きょうこ）………………第1章第1節／第4章第1・2節
日本福祉大学

久保隆志（くぼ・たかし）……………………………………第1章第2節
日本福祉大学

伊藤正明（いとう・まさあき）……………………………………第1章第3節
日本福祉大学

田中尚樹（たなか・なおき）……………………………………第2章第1・2節
日本福祉大学

高梨未紀（たかなし・みき）……………………………………第2章第3節①・③
日本福祉大学

大林由美子（おおばやし・ゆみこ）……………………………………第2章第3節②
日本福祉大学

浅原千里（あさはら・ちさと）………………第3章本章の節立てと構成・第1節
日本福祉大学

明星智美（みょうじょう・ともみ）……………………………………第3章第2節
日本福祉大学

大木えりか（おおき・えりか）……………………………………第3章第3節
日本福祉大学

鈴木由美子（すずき・ゆみこ）……………………………………第3章第4節
日本福祉大学

上山崎悦代（かみやまさき・えつよ）……………………………………第3章第5節
日本福祉大学

神林ミユキ（かんばやし・みゆき）……………………………………第4章第3節
日本福祉大学

杉本浩章（すぎもと・ひろあき）……………………………………第4章第4節
日本福祉大学

ソーシャルワークを学ぶ人のための相談援助実習

2015年3月31日 初版発行
2021年4月20日 初版第6刷発行

監　修　日本福祉大学社会福祉実習教育研究センター
編　集　浅原千里・江原隆宜・小松尾京子・杉本浩章・高梨未紀・明星智美
発行者　荘村明彦
発行所　中央法規出版株式会社
　　　　〒110-0016 東京都台東区台東 3-29-1 中央法規ビル
　　　　営業　　　　　　Tel 03-3834-5817　Fax 03-3837-8037
　　　　取次・書店担当　Tel 03-3834-5815　Fax 03-3837-8035
　　　　https://www.chuohoki.co.jp/

印刷・製本　株式会社アルキャスト
装丁デザイン　KIS
定価はカバーに表示してあります。
ISBN978-4-8058-5127-2

本書のコピー、スキャン、デジタル化等の無断複製は、著作権法上での例外を除き禁じられています。また、本書を代行業者等の第三者に依頼してコピー、スキャン、デジタル化することは、たとえ個人や家庭内での利用であっても著作権法違反です。
落丁本・乱丁本はお取り替えいたします。
本書の内容に関するご質問については、下記URLから「お問い合わせフォーム」にご入力いただきますようお願いいたします。
https://www.chuohoki.co.jp/contact/